電通シニアプロジェクト代表
斉藤 徹
Toru Saito

超高齢社会の「困った」を減らす 課題解決ビジネスの作り方

CONTENTS

序章 ── 高齢社会の課題はビジネスになるか？ ──── 8

なぜ、高齢社会は課題が山積みなのか？／新しいビジネスチャンスとしての「高齢社会」／本書の構成と使い方

第1章　社会課題を解決するビジネスの作り方

高齢社会の課題を整理してみよう ──── 16
「個人の困りごと」が「社会問題」に変わる／次々と出てくる「20XX年問題」／高齢化課題は大都市のほうが深刻

なぜ、高齢社会課題にビジネスで取り組むのか？ ──── 19
課題解決に「ビジネス」で取り組む意義／求められる「イノベーション力」と「事業拡大力」／高齢者数の増加がビジネス拡大を後押しする

高齢社会の課題解決ビジネスの考え方 ──── 22
共通項を探すか？　ニッチを狙うか？／「お仕着せの商品」から「選択される商品」に／大企業よりもベンチャー企業が有利

高齢社会の課題解決ビジネスをどう作るか？ ──── 25
ヒントは新聞の「社会面」と「生活面」／個人体験が原点のビジネスには継続性がある？／課題解決の方法を構想する／ビジネスモデルを検討する

事業を失敗させない5つのポイント ──── 30
先行の課題解決ビジネスはなぜ失敗したのか？／補助金・助成金ビジネスモデルから脱却する／介護保険制度に頼りすぎない／モノマネ文化から脱却する／実証実験サイクルをきちんと回す

事業の広げ方を考える ──── 34
「横展開」ができないか？／BOPビジネス的性格を持つ高齢課題解決商品／「SDGs視点」で高齢社会課題を捉える／広報PRを積極的に活用する

第2章 「体」が変わる
―「体の変化」に対応するビジネス

身体（肉体）機能の変化 ———————————————— 40
自覚症状が増えるのは50代から／歩くことの困難さが転倒を引き起こす／握力の低下による日常動作の変化

感覚機能（五感）の変化 ———————————————— 43
情報量の低下につながる視覚の衰え／高い音が聞こえづらくなる／濃い味付けを好みがちになる／感覚が鈍り、ぶつかりやすくなる

認知機能の変化 ———————————————————— 46
記憶力の低下／忘れやすさにどう対応するか？／機能変化にどのように対応するか？

「体の変化」に対応する商品・サービスの考え方 ———————— 50
加齢変化への3つのアプローチ／「軽老商品」に注目

世代の変化に注目して「ネガ→ポジ変換」 ————————— 53
世代で異なる高齢者の意識と価値観／「ネガティブ」から「ポジティブ」マインドに／イオンのステッキ専門店「ファンタステッキ」／ジンズ「美人リーディンググラス」／ポジティブな「老い」

高齢期の病気や不慮の事故に備える ————————————— 57
要介護未満の商品・サービス

社会インフラ・環境面から「体の変化」へ対応する ——————— 60
環境面からのアプローチ／「歩きやすさ」への細やかな対応

被害防止・加害防止視点からの商品開発 —————————— 62
被害者になるケース、加害者になるケース／被害防止関連商品の開発事例

> ケーススタディ

難聴者でも聞こえやすい音のバリアフリー
株式会社サウンドファン「ミライスピーカー」————————— 66

排泄を事前に予測できるデバイス
トリプル・ダブリュー・ジャパン株式会社「DFree」————— 70

高齢者を加害運転から救うAI型自動車運転評価システム
株式会社オファサポート「AI型自動車運転評価システム（S.D.A.P.）」— 73

COLUMN　利用者視点にどれだけ寄り添えるか　58／被害防御がもたらす弊害　65／健康寿命の延伸と不健康期間の短縮　77

■　「体の変化」に対応するビジネスを考えるためのヒント ───── 78

第3章　「介護」が変わる
── 多様化する「介護周辺ビジネス」

介護市場の課題と新しい可能性 ───── 80
「準市場」はイノベーションが起きにくい？／利用者ニーズをどのように考えるか？／介護の人手不足がもたらす影響

今後ニーズが高まる「在宅介護」市場 ───── 83
重要性を増す「在宅介護」市場／在宅介護分野での商品開発事例

ケーススタディ

皆が笑顔になれるクッキング・デイサービス
　株式会社ユニマット　リタイアメント・コミュニティ
　「なないろクッキングスタジオ」───── 86

デイサービス施設にロボットがいる風景
　株式会社富士ソフト「パルロ（PALRO）」───── 91

介護の質を向上させるパワード・スーツ
　株式会社イノフィス「マッスルスーツ」───── 97

行方不明となった認知症高齢者を発見するQRコード
　東邦ホールディングス株式会社「どこシル伝言板」───── 103

　COLUMN　多様な介護サービスの可能性　90／介護ロボットにはどんな種類がある？　95／認知症フレンドリーな介護施設　101／自動販売機が認知症高齢者を救う？　107／複雑すぎない？　高齢者施設の名称　108

■　多様化する「介護周辺ビジネス」を考えるためのヒント ───── 110

第4章 「生活」が変わる
―「日常の困りごと」を助けるビジネス

「日常の困りごと支援ビジネス」が必要とされる背景 ―――― 112
日常の困りごと支援の仕組みが必要／ニーズの高い買い物難民問題

「日常の困りごと支援ビジネス」を広げるには？ ―――― 115
高齢者の日常の困りごとをどう支援するか？／「日常の困りごと支援」に取り組む企業／先端テクノロジーの活用／ノウハウのビジネス化

ケーススタディ

全国の買い物難民を救済する移動販売車
株式会社とくし丸「とくし丸」―――― 119

100円で日常生活の困りごとを解決
株式会社御用聞き「100円家事代行」―――― 123

ICTを活用して、高齢者サポートの仕組みを構築
MIKAWAYA21株式会社「まごころサポート」―――― 127

住宅が借りられない高齢者を救う賃貸仲介 R65不動産 ―――― 131

COLUMN 「見守りサービス」におけるニーズのミスマッチ 117／リペアロジー（修繕主義）の時代へ 135

■「日常の困りごと」を助けるビジネスを考えるためのヒント ―――― 136

第5章 「地域」が変わる
―「地域コミュニティ」を活性化するビジネス

制度疲労で弱まる地域の「コミュニティ力」―――― 138
地域コミュニティの再生は急務／高齢者組織への参加減少が止まらない／新しい高齢者に「老人クラブ」はミスマッチ？／地域コミュニティ組織の継続は重要

必要なのは、新たな「地域コミュニティ力」の担い手 ―――― 142
既存コミュニティ力＋新しいコミュニティ力／ダイバーシティのまちづくり

ケーススタディ

地域のコミュニティ力を強化する共生住宅
　　荻窪家族プロジェクト「荻窪家族レジデンス」——————144

障害者・高齢者・若者・地域住民が集う「ごちゃまぜの街」
　　社会福祉法人佛子園「シェア金沢」——————148

高齢者と若者をつなぐ新しい住まい方
　　NPO法人リブ&リブ「異世代ホームシェア」——————153

COLUMN　「コミュナル・リビング」が地域の新しい靱帯となる——————157

■「地域コミュニティ」を活性化するビジネスを考えるためのヒント—158

第6章 「余暇」が変わる
―「学び」と「エンターテイメント」のビジネス

高齢期の理想的な「余暇」とは？——————160
　　仕事を辞めると人的ネットワークが縮小する／「普段の楽しみ」+「たまに非日常の楽しみ」／「学び」も「遊び」も自分が楽しむためのもの／高齢者向けのエンタメは「小商圏」「少・定額」「絞り込み」

ケーススタディ

学びながら暮らすカレッジリンク型高齢者住宅
　　株式会社ナルド「桜美林ガーデンヒルズ」——————164

歌で想い出を呼び起こすシニア参加型イベント
　　株式会社マイソングエンタテイメント「歌声コンサート」——————168

楽しく頭と体を動かす介護予防教室
　　株式会社学研ココファン「学研 大人の教室」——————173

「親の人生」をまるごと1冊の雑誌に
　　株式会社こころみ「親の雑誌」——————178

COLUMN　往年のスター歌手が一堂に会し150万人のシニアを動員——171

■「学び」と「エンターテイメント」のビジネスを考えるためのヒント—182

第7章 「仕事」が変わる
── 長寿社会の「働き方」をサポートするビジネス

今までの中高年期の就労モデルは通用しない ──────184
「余生」ではなく「第二の人生」／変化する中高年社員の「働き方」／「人生100年時代」の多様な働き方とは？

高齢者の力を活用する企業事例 ──────186
高齢者雇用の可能性をいち早く見出した企業／シルバー人材センターの再活性化ができないか？／高齢者の力で地域産品の活性化

ケーススタディ

趣味ではなく仕事としての陶芸 高齢者活躍の先駆的な事例
　北海道池田町「いきがい焼き」──────189

「仕事」を提供して高齢者を元気にするシニア住宅
　Kudoカンパニー株式会社「プチモンドさくら」──────194

野菜栽培で年金＋αの収入を得る「仕事付き」高齢者向け住宅
　社会福祉法人伸こう福祉会「クロスハート湘南台二番館」──────199

東京に「もう一人のお母さん」が持てるサービス
　株式会社ぴんぴんころり「東京かあさん」──────203

CMやイベントに出没！ シニアの概念を打ち破るエンタメ集団
　株式会社オースタンス「シニアモンスターズ」──────207

■ 長寿社会の「働き方」をサポートするビジネスを考えるためのヒント ─211

あとがき ──────212

序章 ── 高齢社会の課題はビジネスになるか?

なぜ、高齢社会は課題が山積みなのか?

● 「人生100年時代」の実像

　日本では今、未曾有の高齢化が進行しています。人々は自らの人生の先行きに大きな不安を抱いています。最近、よく耳にする「人生100年時代」という言葉に対して抱く思いも複雑なものではないでしょうか。

　戦後70余年を経て、日本は世界に冠たる長寿大国になりました。平均寿命は、男女ともに戦後間もない頃から30年以上も伸びて世界トップクラス。本来、これは喜ぶべきことですが、現在の日本は手放しで喜べる状況にはありません。**高齢化、長寿化にともなうさまざまな社会課題が浮上**しているからです。

　日本の人口は2004年をピークに、その後は減少局面に入っています。2018年現在で1億2422万人の人口は、約30年後には1億人を切り、2060年には9284万人になると予想されています(国立社会保障・人口問題研究所推計)。これは、毎年平均70万人減り続けるということを意味します。

　人口減少の一方、高齢化率(65歳以上の人口比率)はさらに上昇します。2018年時点の高齢化率はすでに28%を超えていますが、2030年には31.2%、2060年には38.1%となります。

● 「高齢化」で増加する不安要因

　脳卒中、心臓疾患、悪性腫瘍、関節疾患……年齢を重ねると否応なしに**高年齢由来の疾病罹患率が上昇**します。後期高齢期(75歳以上)に入れば要介護状態となる可能性も高まり、これらは社会保障費用の増大に直結します。財源不足が懸念される中、適切な医療や介護サービスの持続的な供給は可能でしょうか。

すでに表面化しつつある**認知症への対策**も喫緊の課題です。現在、約500万人と推計される認知症患者は、2030年には800万人、2050年には最大1000万人を超えるともいわれています（「平成29年 高齢社会白書」内閣府）。認知症を原因とする行方不明者の増加、道路逆走による事故の多発なども社会問題化しています。

　また、今後は**単身高齢者の増加**も確実で、彼らが地域コミュニティ内で孤独・孤立を深める可能性も懸念されます。社会的な絆（地域コミュニティ・ネットワーク）を再び築いて、自立しながら尊厳のある生活を可能にするためにも、社会関係資本（ソーシャル・キャピタル）の再構築は重大なテーマです。

　買い物難民の支援も同じく大切なテーマです。近隣に食料品店がなく、生鮮食品などの食料の入手が困難になる「フードデザート問題」について、全国の約6割の市町村が「何らかの対策が必要」と考えています（『「食料品アクセス」に関する全国市町村アンケート調査結果』農林水産省）。この問題は過疎地域や限界集落に限らず、経営に行き詰まったスーパーの撤退、地域を支えていた小規模ストアの廃業などにより、都市部でも表面化しています。

　この他にも、振り込め詐欺などの特殊詐欺、ゴミ屋敷問題、死者増加による

図表0-1　高齢化にともなう各種社会課題の増大

長寿化・高齢化の進展	高齢者人口の増大	人口減少の進展
平均寿命　　高齢化率※ 男性：81.09歳　2018年　28.2% 女性：87.26歳　2030年　31.2% 　　　　　　　2040年　35.3%	高齢者人口数※ 2018年　3561万人 2030年　3716万人 2040年　3921万人	日本総人口数※ 2018年　1億2617万人 2030年　1億1912万人 2040年　1億1091万人

高齢化にともなう各種不安要因の増大
- 医療・介護サービス供給体制
- 認知症対策
- 地域コミュニティにおける単身高齢者の孤独・孤立
- 買い物難民問題
- 特殊詐欺
- ゴミ屋敷問題
- 空き家問題
- 高齢期の貧困問題

※国立社会保障・人口問題研究所「日本の将来推計人口（平成29年推計）」より

空き家問題、高齢者による自動車事故、高齢期の貧困問題……など、高齢化にともなう課題は枚挙にいとまがありません。日本の高齢社会課題は山積状態なのです。

● **課題解決にいかに取り組むか**

　こうしたさまざまな社会課題に、いかに立ち向かうか。しかも、それを「ビジネス視点」で考えようとするのが本書のテーマです。とはいっても、すべてを「利益の出るビジネス」として考えるのはそう容易ではありません。場合によっては、行政・自治体との連携、地域住民やNPOとの連携により課題解決に立ち向かう必要もあるでしょう。いずれにしても、**多様な視点で課題解決に向かおう**とするのが本書のスタンスです。持続可能な課題解決を実現するためには、何が必要なのかを考えていかねばなりません。

　次章以降で紹介するさまざまな課題解決のケーススタディを通じて、ビジネス視点に立った新しい解決の方策を考えていきたいと思います。

新しいビジネスチャンスとしての「高齢社会」

● **高齢社会の課題には総掛かりで立ち向かう**

　政府の政策でも、高齢化にともなう社会課題の解決に向けた取り組みに着手しています。例えば「政府基本方針」（平成30年）でも、「少子高齢化に真正面から立ち向かい、誰にでも、何度でもチャンスがあり、多様性に満ちあふれた、女性活躍、1億総活躍の社会を創り上げる」との方針決定がなされています。

　しかし残念ながら、政府や官公庁で立案された政策がすぐに効果を発揮すると考える人は少ないでしょう。高齢化にともなう社会課題は極めて根深く、多岐にわたります。解決への道は遠く厳しいというのが現実です。社会課題に立ち向かうためには、「誰が」というより、官民一体で知恵を絞り出す必要があります。いわば、国民一人一人が自分ごととして、総掛かりで取り組むべきテーマなのです。

　課題解決に向けて必要なのは、**多くの人々の知恵やアイデアによる解決手段の立案・実行**です。多くのステークホルダーがアイデアを実践につなげ、トラ

イ・アンド・エラーを重ねていく。これにより、初めて実践的な課題解決プランが実現します。

● 新しいビジネスチャンスと考えてみる

今まで、高齢化にともなう課題解決を担ってきたのは、国や自治体などの行政機関に加えて、社会福祉協議会、社会福祉法人、NPO、ボランティアなどの中間組織が中心でした。しかし現在では、積極的に社会課題解決に向けてチャレンジしようとする民間企業やベンチャー企業も増えています。もちろん、行政による支援は重要ですが、その**財源は主に税や社会保障であり、それにはおのずと限界があります**。むしろ、社会課題をビジネスチャンスと捉え、このジャンルに積極的に参入していく企業のイノベーション・マインドが期待されます。

企業の参入動機は多種多様です。個人的な動機や思い入れから取り組み始めた事業もあれば、純粋にビジネスチャンスと捉えて挑戦しているケースもあります。また、近年はSDGs（持続可能な開発目標／後述）を導入しようとする企業が増えており、そうした視点から事業に取り組む動きも増えていくでしょう。

動機はともあれ、社会課題の解決には新しい知恵や工夫が必要です。本書で

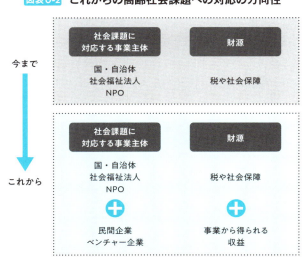

図表0-2 これからの高齢社会課題への対応の方向性

は、高齢社会に立ちはだかる大きな壁に果敢にチャレンジする人々や企業の姿をリサーチし、課題解決のアイデアを考えるヒントを提供したいと考えています。このようなイノベーション・マインドを持つ人々の輪を広げることで、迫り来る高齢社会の課題解決に立ち向かう機運を高めたいというのが、本書の執筆動機です。

本書の構成と使い方

● **本書の全体構成**

本書では、"高齢社会における新ビジネスやイノベーション"を通じて"社会課題の解決"を考えていきます。第1章では、高齢社会の課題の概要、ビジネスによって課題解決に取り組む意義、高齢社会の課題解決ビジネスを構想する上での注意点や失敗させないためのポイント、事業の広げ方などを解説します。

第2章以降は、大きく以下の6つのテーマ・ジャンルに分けています。

1. 「体の変化」に対応するビジネス(第2章)
2. 多様化する「介護周辺ビジネス」(第3章)
3. 「日常の困りごと」を助けるビジネス(第4章)
4. 「地域コミュニティ」を活性化するビジネス(第5章)
5. 「学び」と「エンターテイメント」のビジネス(第6章)
6. 長寿社会の「働き方」をサポートするビジネス(第7章)

それぞれ、どのような課題がいかにして発生しているのか、そうした課題をビジネス視点で捉えるヒントをまとめた上で、筆者が興味を惹かれ取材したさまざまな企業の取り組みをケーススタディとして紹介していきます。

紹介する事業のいくつかは、「社会的事業(ソーシャルビジネス)」や「コミュニティ・ビジネス」の領域に近似しますが、必ずしもそこに限定するものではありません。事業拡大志向を持ったビジネスも多数取り上げています。

ソーシャルビジネスとは、「(環境保護、高齢者障害者の介護・福祉から、子育て支援、まちづく

り、観光など）地域社会の解決に向けて、住民、NPO、企業など、さまざまな主体が協力しながらビジネスの手法を活用して取り組むもの」（経済産業省による定義）ですが、本書で語るビジネスは、主に「高齢化にともなう社会課題」を取り上げています。

　上記1〜6のテーマに加えて、IoTや人工知能（AI）、ロボットといった**情報技術・テクノロジー分野は、高齢社会の課題解決を考える上で重要なポイント**です。第3次安倍内閣による成長戦略「未来投資戦略2018」でも、IoT・ロボット・AI等の著しい進歩を第4次産業革命と捉え、経済社会に活用する視点が打ち出されています。これらの技術を活用し、健康管理、病気・介護予防、自立支援に軸足を置いた、新しい健康・医療・介護システムを構築し、健康寿命をさらに延伸し、世界に先駆けて生涯現役社会を実現させる目標が掲げられています。

　現状生じているさまざまな社会課題を解決につなげるためには、個々の事業モデルの構築だけでなく、社会システムの改良につなげるためのさまざまな法律、諸制度の改正、制度上のバックアップも欠かせません。ミクロとマクロの両面からのアプローチが、高齢社会の課題解決には重要です。特に章を設けてはいませんが、そうした指摘も本文の要所要所で行うように心がけました。

● **本書の使い方**

　興味のままに読んでいただければと思いますが、「高齢社会において、現在そしてこれからどのような問題が起きるのか？」といった概要を押さえておきたい場合は、第1章を読んだ上で第2〜7章の関心のあるテーマに進むと、わかりやすいと思います。

　高齢社会課題についての基礎知識があり、取り組みたいテーマが決まっている、具体的なビジネスのヒントを先に知りたいという場合は、第2章以降のどの章、どの事例から読んでいただいてもかまいません。

　なお、ケーススタディは、おおむね以下のような流れで構成しています。

どんなビジネス？…取り上げる商品・サービスの内容をコンパクトに紹介。先にこの部分に目を通し、気になったらさらに読み進めてみましょう。

発想のきっかけ …商品やサービスを思いついたきっかけや、着想をいかに具体化していったのかを解説。イノベーションを起こす人々の視点は参考になります。

どこが新しい？ …既存のものとどう違うのか？ その商品・サービスのオリジナリティについて解説します。

ブレイクスルーのポイント …新規ビジネスの立ち上げ、拡大、継続の難しさを、どのように乗り越えているのかを紹介します。

ビジネスのヒント …ケーススタディから得られるビジネスのヒントをまとめます。業界や職種が違っても、応用できるはずです。

ケーススタディとして紹介する各種課題解決への取り組みは、ある意味で先例のない困難事例への挑戦でもあります。本書を通じて、彼らの果敢なチャレンジを少しでも感じ取っていただければ幸いです。

第1章

社会課題を解決する ビジネスの作り方

高齢社会の課題を整理してみよう

「個人の困りごと」が「社会問題」に変わる

　高齢社会における各種課題の特徴を整理しておきたいと思います。高齢者の増加により、今後どのようなことが起こると考えられるでしょうか。

　高齢期になると、否応なく身体機能、視覚や聴覚などの感覚機能、認知機能などに加齢変化が生じます。変化が生じる時期に個人差はあっても、必ず誰にでも訪れるものです。そのような**「個人の加齢に起因する困難」**が、ひいては**「日常生活面における困難」**や**「社会行動面における困難」**を引き起こします。さらには、特殊詐欺被害や認知症を起因とする各種事故など、**「社会問題事象」**につながる可能性もあります。

　これらが社会問題化する理由の第一は、高齢者数の絶対的増加です。加えて、社会構造の変化や地域構造の変化がそれを後押しします。かつての多世代家族から核家族化、さらに単身世帯化が進み、家族や親族内でお互いを支え合う構図は薄れました。人口減少や過疎化の進展が、地域コミュニティの希薄化に拍車をかけます。こうして個人レベルの困りごとが、結果として複雑で解決困難な高齢社会問題となってしまうのです。

次々と出てくる「20XX年問題」

　これからの高齢社会を考える上で、重要なポイントの一つは**「後期高齢者人口（75歳以上）の増加」**です。後期高齢者人口は2018年には前期高齢者数（65〜70歳）を上回り、その後は2054年まで一貫して増加します。2050年時点での後期高齢者人口は、前期高齢者の1.7倍に達すると予想されています。後期高齢期には身体機能や認知機能の変化が進み、要介護率も高まります。その人口の増加で、日本の高齢社会課題は大きく炙り出されるでしょう。

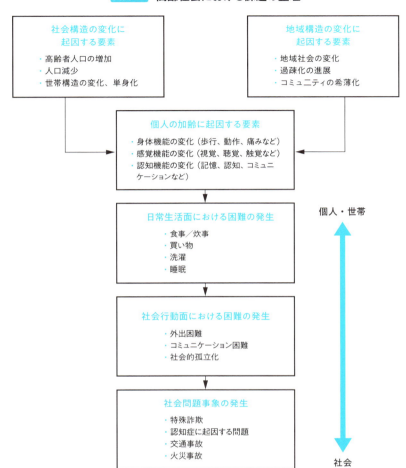

図表1-1　高齢社会における課題の整理

　すでに象徴的なキーワードとして登場しているのが「**2025年問題**」です。2025年、日本の人口ボリューム層である1947～1949年生まれの団塊世代が後期高齢期に達すると、医療・介護費も大きく上昇します。現在、社会保障費用はすでに120兆円を超えていますが、2025年には150兆円を超すという予測もあります。

　加えて近年は、「**2040年問題**」も唱えられています。2040年は団塊ジュニア世代が高齢期に達する年を指し、その時点での高齢化率は36％、日本人の3人に1人以上が65歳以上となるのです。

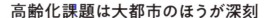

高齢化課題は大都市のほうが深刻

　2025年以降、大幅に増加する医療・介護ニーズに対して、適切なサービスは用意されているでしょうか。その懸念は、とりわけ東京、大阪、名古屋などの人口が集中する大都市ほど深刻です。増田寛也編著『東京消滅ー介護破綻と地方移住』(中公新書)では、「東京圏には施設が不足しており、将来、介護施設を奪いあう事態になりかねない」と警鐘を鳴らし、その解決アイデアとして「地方移住」を提唱しています。しかし、残念ながら実際には**シニアの地方回帰は近年減少傾向**にあります。大都市に集中している団塊世代は、このままそこに住み続ける可能性が高いのです。これまで、高齢化にともなう課題といえば地方や過疎地に発生していましたが、今後は**大都市及び大都市周辺地域でさまざまな問題が浮上してくる**のです。

なぜ、高齢社会課題に ビジネスで取り組むのか？

課題解決に「ビジネス」で取り組む意義

　今後、高齢社会に関わる課題は、都会・地方を問わず全国で起こります。もはや、一部地域の局所的な対応では間に合いません。**特定の有効な解決手法を創出すると同時に、それを広げる方法を確立する必要**があります。

　課題の原因は地域ごとに異なり、解決リソース（資源）も地域事情に応じて調達するのが望ましいという考え方も、もちろん理解できます。例えば、厚生労働省が推し進める「地域包括ケアシステム」の基本的な考え方は、個々の地域に生じた課題を地域で保有するリソースで解決しようとするものです。

　しかし、これはある意味で個別性が高く、スピード感を持って解決にあたるにはいささか苦しいともいえます。また、地域ごとに課題解決に秀でた人材を養成するにも時間が足りません。**事業経営的発想に基づくスピード感と課題解決の拡散力が必要**なのです。

求められる「イノベーション力」と「事業拡大力」

　今までさまざまな高齢社会課題の解決に尽力してきたのは、主に自治体や社会福祉協議会、社会福祉法人やNPOでした。その社会的実績や意義は極めて大きく、今後もその活躍が期待されます。とりわけ災害時などの局面において、生活困難者に寄り添い、その悩みに真摯に対処する姿勢は、彼らにしかできないものでもあります。しかし、その一方で彼らには往々にして欠落しがちな要素もあります。それは、**「イノベーション力」と「事業拡大力」**です。

　人口減少、高齢化とともに、自治体予算の縮小はすでに目に見えて始まっています。サスティナブルに課題解決に立ち向かうためには、前例踏襲型ではなく、新しい形での課題解決能力が求められます。また、一地域の課題解決のみ

図表1-2 高齢社会課題の担い手の整理

サービス提供主体	費用・財源	メリット・デメリット
自治体	税金 社会保障	・対象者にあまねく提供される ・ホスピタリティに欠ける ・費用は全般に削減傾向
社会福祉法人 NPO ボランティア	寄付 補助金・助成金	・地域の個別性に対応 ・自治体に比べて柔軟性は高い ・事業拡大の視点に欠ける
民間企業	受益者負担	・提供内容に創意工夫がなされる ・顧客本位 ・すべての人が享受できるわけではない

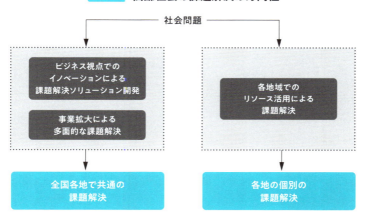

図表1-3 高齢社会の課題解決の方向性

ならず、全国レベルの課題解決につながるソリューションが求められます。

本書で紹介する各種解決のケーススタディは、一部には自治体や社会福祉法人による取り組みもありますが、多くは収益をともなうビジネスとして課題解決に取り組む事例です。

彼らに、「NPOとして取り組んだり、行政の補助を受けたりする選択肢はなかったのですか？」と聞くと、多くが「**事業の持続性を考えた場合、行政の補助金に頼ってしまうとダメ**になる」という答えでした。

確かに法人特性からして、社会福祉法人やNPOにダイナミックなイノベーションを求めるのは難しいでしょう。社会福祉法人は、行政・自治体からの一定の支援や税制での優遇を得ることができる一方で、展開事業内容は法律によ

り制限され、利益留保や資金調達面に関する自由度も限られています。社会福祉法人やNPOで活躍する人々は、「福祉分野」という性格上、社会課題意識は高いものの、その解決方法は人的な対応や既存の制度活用が中心となり、テクノロジー活用や新しいイノベーション開発に関しては総じて関心が薄い印象を受けます。

高齢者数の増加がビジネス拡大を後押しする

　高齢者分野に限らず、福祉分野で提供される商品・サービスの多くは、社会保障や税によって提供される場合がほとんどです。それは「福祉」という名に示される通り、高齢者や障害者が社会的弱者として認知されていたからです。しかし、今後増加する高齢者に限れば、彼らのすべてが社会的弱者というわけではありません。長寿化が進む中で元気高齢者も増加し、ゆとりある生活を送る人々も一定程度はいます。このような高齢者が抱える生活課題に対しては、**税や社会保障による対応のみではなく、通常の商品やサービスとして提供すべき**だという声は大きくなっていくでしょう。

　高齢者数の絶対的な増加は、潜在購買者数の増加にもつながります。購買者数が少なければ、開発コスト回収のために価格を高めに設定する必要があり、その結果、市場規模が広がらないというジレンマに陥ります。しかし、潜在購買者数が増加すれば、量産化にともなう商品価格の低下や市場規模の拡大も期待できます。**高齢者数の増加による販売数拡大、市場拡大の可能性は魅力的**です。

　また、高齢化先進国の日本において課題解決につながる商品やサービスを開発できれば、日本に続いて高齢化が進展する**アジアや欧米諸国での市場開発の可能性**につながります。実際、第2章で紹介する「ミライスピーカー」や「DFree」などは、当初から海外での市場拡大の可能性を見越して特許取得を図るなど、その準備に余念がありません。このような**先行的な海外市場拡大の視座を持つこと**も重要なポイントでしょう。

高齢社会の課題解決ビジネスの考え方

共通項を探すか？　ニッチを狙うか？

　加齢により起こるさまざまな老化現象や生活上の困難は、多かれ少なかれ、すべての高齢者に共通してやってきます。ファッションや趣味、スポーツなどの分野は、好みや志向、収入の多寡や生活レベルに応じて商品・サービスが細分化されますが、「高齢課題を解決する商品」に限れば、**高齢者の多様性を超えて共通する部分も多いはず**です。そこを市場規模として捉え、アプローチすることが重要です。

　例えば、高齢者向けの宅配弁当で考えてみましょう。高齢期になると、疲れやすいこともあり、日々の食事作りがおっくうになります。ましてや配偶者が亡くなり、子も独立して単身になると、作りがいもない。同じものを何日も食べ続ける人も多く、栄養バランスが偏りがちになります。そのような高齢者が増加する中、比較的安価で栄養バランスにも気を配った宅配弁当があれば、「作るのがおっくう」ニーズにマッチします。実際に、シニア向け宅配弁当市場は、この10年ほどで急激にマーケットが拡大しています。単身高齢者や高齢者夫婦の宅配弁当ニーズは、収入の多寡を問わず誰にも共通して生まれるニーズなのです。

　一方で、ニッチを狙う手もあります。例えば、「要介護者向けの旅行」はすべての要介護者にニーズがあるわけではありません。サポートがあればぜひ旅に出たいという要介護者もいれば、もともとインドア派で旅行にもさほど興味がないという要介護者もいるからです。しかし、今後、要介護者の総数が増えれば「旅行をしたい要介護者」の数も増え、ニーズは確実に広がりを見せてきます。こうした**「現時点ではニッチ領域」の課題解決を狙う**というのも一つの方法でしょう。

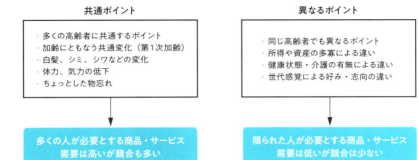

「お仕着せの商品」から「選択される商品」に

　高齢社会の課題解決ビジネスを考えるにあたって、今後一層重要になるのは**「高齢者自身に選択される商品・サービスになる」**ということです。今までの高齢者向け商品には、本人よりもその子どもたちや介護者が選んで提供するような、本人ニーズが考慮されないものも多くありました。これからの高齢者は戦後生まれで、消費の喜びも十分理解し、自己選択の判断を持つ人々です。彼らのニーズをきちんと理解した上での商品開発が求められます。

　特に技術的解決手法で課題に取り組もうとする場合、往々にして利用者視点がなおざりにされがちです。「この技術は優れているのだから、利用者に支持されて当然」「優れた商品なのだから価格が多少高くても売れるはず」などと技術を過信していないでしょうか。

　もちろん商品の性能に自信を持つことは重要です。しかし、**商品やサービスは利用者に使われて初めて課題の解決につながります**。商品・サービスの開発には、謙虚な心を持ってあたるべきでしょう。また、実用性を得るためには、リアルな生活現場での実証テストが欠かせません。困難を抱える生活者のリアルな使用実感の声を積み重ねていくことが大切です。

大企業よりもベンチャー企業が有利

　本書で取り上げる各種課題解決事例は、どちらかといえば、大企業ではなく中小企業やベンチャー企業の取り組みケースが中心です。それは、総じて筆者

が興味を感じ、お話を聞きたいと思うケースの多くが、そうした企業に集中していたからです。やはり、**ユニークでオリジナリティの高いビジネス・アイデアは、「中心」ではなく「周辺領域」から生まれる**ということでしょうか。**開発者の事業にかける強い思い**がビジネスを磨き、光り輝かせる側面もあるでしょう。

　もちろん、大企業の中にも優れた取り組み事例を見つけることはできます。しかし、一般に大企業の場合は、個人の熱い思いだけで事業をスタートすることは難しく、何段階ものハードルを経る中で、当初は鋭く光っていたアイデアが次第に丸くなってしまうケースも多いでしょう。

　また、**事業開発には、息の長い取り組みが必要**とされます。大企業ゆえに、比較的短期で成果が現れないと打ち切りになるケースも多いのでしょう。むしろ大企業は、こうしたベンチャー企業の光る種を発見し、資金供与や自社の保有するリソースを提供しながら事業拡大のための連携を図ることを積極的に考えていくべきでしょう。また、事業開発に多額の投資や人材を投入できるのは大企業です。AIやロボットなどを活用した課題解決は、主に大企業が担っていく分野になるでしょう。

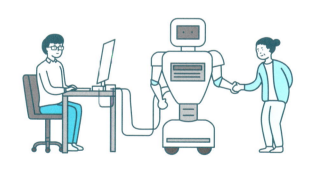

高齢社会の課題解決ビジネスをどう作るか?

ヒントは新聞の「社会面」と「生活面」

　社会課題解決ビジネスを考える際の留意点とポイントを、本書で取り上げた事例を参考に、ステップで考えてみたいと思います。

　最初に行うべき作業は、「課題の発見」です。課題が発生する場所には、必ず解決すべきテーマが存在し、それが新しいビジネスの芽につながります。**課題の発生源は多種多様**です。加齢にともなって生じる疾病などに付随する生活上の困難といった課題もあれば、高齢化や過疎化にともない地域コミュニティを維持する上での課題もあります。特殊詐欺被害や、認知症に起因する社会問題なども課題の一つでしょう。

　本書で取り上げた項目の他にも、さまざまな課題が存在します。テレビや新聞で報道されるニュースを目にするだけでも、新たな課題テーマの気づきがあります。特に**テレビや新聞の社会面や生活面には注目すべき**です。社会面はすでに顕在化している事象や記事が中心ですが、生活面は地域コミュニティや福祉に視点を置いた記事が比較的多く、潜在的なニーズが見えてきます。テレビのニュースやドキュメンタリー番組にも、思わぬ発見が潜んでいる可能性があります。記者の鋭敏な社会課題意識は非常に参考になります。

図表1-5　社会課題の発見ポイント

社会課題内容	社会問題	日常の地域課題・生活課題
具体例	・ゴミ屋敷・空き家 ・認知症者の行方不明 ・高齢者による交通事故	・両親や親類・知人の悩み ・地域特有の課題・問題
情報源	・テレビ・新聞などの報道	・両親や家族・親戚、コミュニティからの情報

個人体験が原点のビジネスには継続性がある？

　また、本書で取り上げた人々に、なぜそのテーマに取り組み始めたのかをうかがうと、**個人体験に基づく出来事がきっかけになっているケースが多い**です。例えば「ミライスピーカー」(第2章)を開発した佐藤和則さんは、難聴の父親がスピーカー発想の原点、高齢者向け賃貸住宅仲介事業「R65不動産」(第4章)に取り組む山本遼さんは、自身が不動産会社のサラリーマン時代に体験した「高齢者お断り」の業界慣行への疑念が起業のきっかけとなっています。杉山公章さんによる「歌声コンサート」(第6章)は、彼自身がかつて行っていた「うたごえ教室」でのシニアの喜ぶ姿がコンサートを拡大していく起点となりました。

　そのように考えると、これから社会課題テーマをベースに起業しようと考える人にとっては、**自分自身が体験、体感した身近なテーマこそが強い発想の原点になる**ということに気づかされます。本人が身近に感じる課題であれば、その解決に向ける思いも強いものになるでしょう。本書で出会った人々の思いは皆一様に熱く、とかく理屈や理論でビジネスを発想しようとする大企業発の新規事業と、そこが大きく異なるポイントです。

　もちろん、個人的体験に基づかなくとも課題発見は可能です。しかし、その場合は自社の保有する技術やリソース、過去の経営資源やネットワークとあまりかけ離れていないテーマのほうがよいでしょう。

　もう一つ、個人の思いを起点とする事業と大企業発事業の違いは**継続の力**にあります。課題解決に向けて不退転の決意で事業に取り組む人々と、短期的事業成果が求められる企業に属する人々とでは、おのずと事業の継続性に差が生じます。これは、高齢者向けビジネスに限らず、Apple、Amazon、Facebookなどベンチャー事業の成功ケースについても同様でしょう。

課題解決の方法を構想する

　課題を発見したら、次は解決方法の構想です。当初から課題認識と解決方法がセットで発案される場合もあれば、課題認識の後に改めて解決手法の方法論が検討される場合もあります。

　課題解決方法の発案は、①**新しい技術やテクノロジーで解決**、②ビジネスモ

デルで解決、③社会的ネットワークや人的資源で解決の３つに大別できます（他にも、制度や政策を新しく立案して制度改善を図る方法もありますが、ここでは除外）。

「ミライスピーカー」や「AI自動車運転評価システム」（第２章）、「介護コミュニケーション・ロボットPALRO」「マッスルスーツ」（ともに第３章）などは、①の新しい技術やテクノロジー主導型解決方法です。

②のビジネスモデルでの解決の事例としては、「荻窪家族レジデンス」「シェア金沢」（ともに第５章）、「クッキング・デイサービス」（第３章）、「学研 大人の教室」（第６章）などがそれにあたります。これらは既存の介護施設や福祉施設にアイデアを付け加え、新しいビジネスモデルに変換したケースといえます。

③の社会的ネットワークや人的資源で解決にあたるケースとしては、「株式会社御用聞き」（第４章）や「歌声コンサート」（第６章）、「プチモンドさくら」（第７章）などがそれにあたるでしょう。

このように、現在世の中に広く流布されている方法や手法だけではなく、新たな解決方法を模索・発見していくことが社会課題解決の道につながります。

当然のことながら、事業をスタートさせた後で**軌道修正を余儀なくされる可能性**も十分あります。例えば、「株式会社御用聞き」の古市さんが起業した当初の構想は、「インターネットを活用し、困難を抱える高齢者と子育てママをつなぎ、解決するビジネスモデル」でした。しかし、起業してみると全くうま

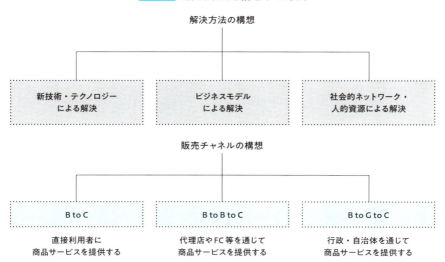

図表1-6　解決方法を構想する方法

くいかない。ネットだけで課題解決しようという発想そのものが、地域コミュニティのビジネスモデルとして相性が悪かったのです。頭でっかちのアイデアであったことに気づいた彼は、より人的関係を重視した現在のビジネスモデルに軌道修正を行いました。課題解決手法は、「これしかない！」ではなく、**より柔軟なスタンスで向かうことが大切**です。

ビジネスモデルを検討する

　課題解決方法が、経済メカニズムに乗らなければ、それはボランティアや社会貢献の範疇であり、「ビジネス」ではありません。したがって、提供する商品やサービスを、いかに顧客から支持され、利益を生み出す商品として市場メカニズムに乗せるかが問われるわけです。

　最初に検証すべきは、「それは**受益者が対価として払える価格**になっているか？」「その商品サービスの受益者は誰か？」というポイントです。

　実際の高齢者は、おそらく若い世代の人が一般的に想像するほど裕福ではありません。その商品・サービスが平均的な高齢者の自費購入を想定しているなら、月々の年金額から支払い可能な価格になっている、もしくは一時的に蓄えを切り崩してでも購入したいと感じられる商品であることが求められるでしょう。ＢtoＣモデルで課題解決商品を提供したいと考える場合、**価格の問題は非常に重要**です。

　一時的な購入負担には対応できても、月々のランニングコストがかさむ商品なども、高齢者に支持されません。高年齢層にスマートフォンがいまひとつ浸透しないのは、機器操作に関するリテラシーよりも月々の負担額が要因であることが大きいのです（基本的に、高齢者本人負担の商品・サービスの場合、価格は安価であることが重要）。

　また、高齢者を対象とする商品・サービスの場合、**受益者と価格負担者が異なるケース**もあります。息子や娘が高齢の親のための商品を購入するというケースです。例えば「親の雑誌」（第6章）は、親の古希などの長寿祝い、敬老の日のプレゼントなどに焦点を絞った両親ギフト対応商品です。「ミライスピーカー」も価格が比較的高額なので、一般家庭で購入されるのは難聴の親に息子や娘がプレゼントするというケースが多いといいます。

　直接自社で商品・サービスを提供するＢtoＣモデルでは、自社に強力な組

織網がなければ、おのずと販売エリアや販売力に限界が生じます。その場合、他社とうまく提携を組むB to B to Cモデルが有効となるでしょう。

　ジャンルによっては、行政や自治体を通じて商品・サービスを提供するB to G to Cというモデルも有効に思えます。ただし、自治体の場合は、公示・相見積もり・選定というプロセスがほぼ入るため、確実性に欠けるところが難点です。

　また、本来は個人向けを狙っている商品・サービスだけれども価格面で課題があるというケースでは、**まず業務用需要を狙うという選択肢**もあるでしょう。

　インターネットを通じた直接販売という選択肢も、もちろんあります。ただし、現在の後期高齢者層をターゲットとした場合、ネット販売のみではなかなか難しいでしょう（もう少し時間がたてば、「ネット購入に馴染みのある後期高齢者」も増えてくるはずです）。現時点では、ネット以外のメディアの活用、アプローチ方法も視野に入れるべきでしょう。

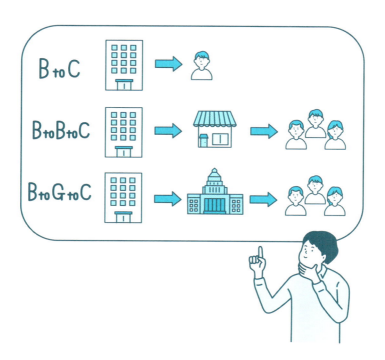

事業を失敗させない
5つのポイント

先行の課題解決ビジネスはなぜ失敗したのか？

　日本では、高齢社会の課題解決を目指すビジネスへの挑戦が、すでにさまざまな形で図られてきました。しかし残念ながら、うまくいかなかった事例も多いです。では、それらはなぜ失敗してしまったのでしょうか。これから考案するビジネスの成功率を高める意味でも、失敗の原因を踏まえておくことは必要です。

　考えられる理由の一つは、課題を抱える当事者の意見をさほど重視せず、**理屈や技術本位で商品を開発してしまったこと**です。そもそも本人が「課題」と認識していないものを課題として設定し、商品化してしまうケースもあります（それがニーズを喚起することもありますが）。さらには、課題解決のための**費用を誰が担うのか**（もしくは担えるのか）**を深く検討しないまま開発**に至った場合もうまくいかないことが多いです。

　課題解決商品が利用されるフィールドには、介護や高齢者福祉分野も多いのですが、**業界の実態をあまり理解しないままに進めてしまうこと**も失敗を招く原因となります。「課題を解決する商品が開発できれば、利用ニーズが発生する」と考えるのではなく、それぞれの利用フィールドや利用者ニーズを理解した上で商品やサービスを開発するという、ごく基本的なスキームが改めて求められています。

補助金・助成金ビジネスモデルから脱却する

　高齢社会の課題解決ビジネスの中には、各省庁や自治体が課題テーマを設定し、解決に向けた事業に対して補助金や助成金を支援するケースもあります。企業や大学、自治体などがコンソーシアム（共同事業体）を組んで、実証実験とし

て取り組むケースがそうです。しかし、これらは実証実験止まりで終わることもしばしばです。

　事業開発や商品開発のプロセスにおいて、行政から一定の補助を得つつ、商品をブラッシュアップして事業を立ち上げていくこと自体は全く問題ありません。しかし、事業がスタートした後も補助金頼みでは、事業の継続はおぼつかないでしょう。あくまでも、**補助金、助成金は事業化のための一時的バックアップ**です。自立事業を目指さなければ、成功には結びつきませんし、持続可能な解決策となりません。とはいえ、行政による支援は、ある種の「お墨付き」でもあります。この広報価値をうまく活用しながら、次の局面にステップアップすることが求められます。

　同様に、「当初から、自治体と組んだビジネスができないか？」と考える人もいますが、これもなかなか難しい話です。少子高齢化が進む中で、地方自治体の財政が厳しくなるのは目に見えています。あくまで、**「お金を払うのは受益者」という視点**を基本にビジネスを考えることが望ましいでしょう。

介護保険制度に頼りすぎない

　既存の介護保険などの公的保険制度や、行政による高齢者福祉支援制度の活用を前提としたビジネスを構想するのは、できるだけ避けるべきです。介護保険制度は3年ごとに改定されますが、保険の対象となる範囲は今後徐々に制限されていくでしょう。そうした意味でも、考えるべきは制度活用を前提としたビジネスではなく、**保険外ビジネスとしても十分魅力的で成立すると感じられる事業**です。

　とはいえ、介護保険が適用されれば、利用する際の自己負担率が低くなったり、ケアマネジャーの推奨により商品が採用されやすいなどの利点はあります。真の意味で要介護者の生活の質を向上する、介護予防に利する商品・サービスであれば、介護保険の適用も考えていくべきでしょう（そのような商品・サービスであれば、保険対象外になったとしても生き残れる確率が高いはずです）。

モノマネ文化から脱却する

　従来、日本のモノづくりは、欧米で先行して発明・開発された商品に、一定の性能向上、低価格化を図ることで、商品競争力を高める方式が中心でした。この先行追随型の商品開発は、現在のAIやロボット開発においても続いています。

　しかし、**高齢社会における課題解決商品に関しては、一部のジャンル**（例えば認知症関連商品など）**を除いて、海外の先行商品はほぼ存在しません。**そもそも日本ほど高齢化が進んでいない諸外国では、まだ高齢課題ニーズが顕在化していないからです。それだけに先行者としての苦労はつきまといますが、むしろこれは、**真のジャパン・オリジナルの商品・サービスを開発できるチャンス**であると積極的に捉えていくべきでしょう。

実証実験サイクルをきちんと回す

　新しいビジネスモデルや商品開発は、一朝一夕にできるものではありません。完全な軌道修正までいかなくとも、提供商品やサービスの調整は何度も必

要とされます。

　特にテクノロジーによる解決手法を志向する場合は、製品のプロトタイプ開発から商品発表まで、一定のタイムラグが必要とされます。また、テクノロジー型の商品は、往々にして技術発想ベースでの開発が先行し、生活者の現場での使用実感が後回しにされるケースも見られますが、**商品の調整や見直しは当然**と考えておいたほうがよいでしょう。

　ちなみに、「マッスルスーツ」の開発では、商品が最初に販売された2014年から毎年改良を行い、わずか5年で「バージョン5」まで作られました。これは、介護現場からの要望を受けながら、「まだ改良の余地がある」とたゆまぬ努力を図った結果です。もっとも、「マッスルスーツ」発明の母体が東京理科大学の研究室であったということも継続的な製品改良につながっているでしょう。

　補助金・助成金に頼らないビジネスモデルを志向すべきと述べましたが、**実証実験サイクルを回す際には、行政の支援スキームが役に立つ**場合もあります。行政や自治体からのお墨付きを得ることで、実証実験を行う際に関係組織や住民からの信頼・理解を得やすくなるからです。

　近年、リビングラボという方法論が注目されています。これはさまざまな生活課題や地域課題を、実際に地域に住まう生活者のリアルな発想をもとに解決していこうとするアプローチです。このように地域コミュニティと連携しながら、実証実験を重ねるという手法も今後は進んでいくでしょう。

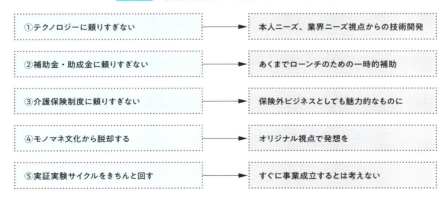

図表1-7　事業を失敗させない5つのポイント

事業の広げ方を考える

「横展開」ができないか？

　対象者を高齢者とした場合、リーズナブルな価格であることは重要なポイントだと述べました。ただし、低価格商品の場合、利益幅も少ないため、事業当初の段階はなかなか苦労も多くなります。とりわけ、地域での課題解決を志向するコミュニティ・ビジネス的展開を図った場合は、潜在対象顧客もエリア内に限定されるため、事業規模にも限界が生じます。

　事業継続を前提に、売上高や利益の拡大を目指す場合は、**そこで得られた課題解決手法をうまくメソッド化したり、量産化を図って、他エリアでの横展開を行う**ことが重要です。高齢者向けの移動スーパー「とくし丸」(第4章)のケースも、当初の事業展開で得られたノウハウを知見として貯め、他地域のスーパーや個人事業主にビジネスとして教示することで事業化に成功しました。「マゴコロボタン」(第4章)の展開も同様です。

　高齢化にともなう社会課題は、全国津々浦々に分散して発生しています。それらを解決するには全国規模での展開が必要ですが、それだけの資本力を持つ企業は限られます。例えば、食事宅配は、一家庭の単位で見れば得られる収益は微々たるものです。しかし、それを市町村で面展開したり、製造拠点を設けてさらに広域に広げていくことによって、初めて事業としてのスケールメリットが生まれてきます。

　課題解決に関わる一つ一つのビジネス規模は、もともと小さいものです。それは社会課題が個人やコミュニティといった小規模な発生源によるものだからですが、ビジネスをコミュニティ単位で終わらせないためにも、積極的に事業拡大の方法を検討していくべきです。

　そして、**事業規模を大きくする手段の一つが、フランチャイズや販売代理店**ということになります。他が追随できない課題解決ノウハウの蓄積とその横展

開が、高齢社会の課題解決ビジネスのポイントなのです。

そして、近年、成果を挙げつつあるクラウドファンディングの活用なども、今後は可能性を高めていくかもしれません。

BOPビジネス的性格を持つ高齢課題解決商品

高齢者を対象とすると商品やサービスの価格は低くなりがち——その意味において、高齢社会の課題解決ビジネスはBOP（Base Of the Pyramid／Bottom Of Pyramid）ビジネスに似ています。

BOPビジネスとは、開発途上国における経済ピラミッドの底辺にいる人たちを対象としたビジネスのことです。BOP層が全世界で40億人という巨大マーケットであることに加え、事業を通じて現地のさまざまな社会課題の解決に資すると期待されたことから、BOPビジネスは注目されるようになりました。「事業を通じて社会課題を解決する」という点は、本書のテーマである「高齢社会における課題解決ビジネス」と共通しています。

BOPビジネスの対象地域は、主にアフリカ、アジアですが、高齢社会課題の先進地域はここ日本です。日本で課題解決につながったビジネスモデルは、早晩、高齢化時代を迎えるアジア、欧米諸国でも適応可能なビジネスとして大きく広がる可能性が高いといえます。したがって、事業は**「国内市場のみならず海外マーケットまで広がる可能性もある」**という視点も踏まえて検討する必要があるでしょう。

「SDGs視点」で高齢社会課題を捉える

近年、「**SDGs**（エスディージーズ）」というキーワードが注目されています。これは、2015年9月に国連で定められた「**持続可能な開発目標**（Sustainable Development Goals）」の略で、2030年に向けてすべての国（国連加盟国）・企業・NPO・個人が垣根を越えて協力し、よりよい未来を作るための目標です。

具体的には、経済（エネルギー、働きがい、技術革新など）、社会（平和、教育、ジェンダー、不平等、まちづくりなど）、環境（気候変動、水、海、陸）、生活（貧困、飢餓、健康・福祉など）などの分野を中心に、全部で17の目標が設定されています。

さらに、17の目標の下には「ターゲット」と呼ばれる詳細目標が169個設

けられています。例えば、「1 貧困をなくそう」という目標には、「2030年までに、現在1日1.25ドル未満で生活する人々と定義されている極度の貧困をあらゆる場所で終わらせる」といったターゲットが掲げられています。ターゲットの下にはさらに232の指標があります。

これらの項目は、SGDsが設定される前の2年間、さまざまなステークホルダーの意見を国際交渉の場やインターネットを通じて聴取・反映したもので、極めて説得力があるものになっています。SDGsは、私たちが2030年の未来に向けて、世界のサステナビリティ（持続可能性）を保ちながら発展させていくための道しるべといえます。

SDGsの17の目標には、「高齢者」や「高齢社会」を明確に掲げたものはありませんが、ターゲットや指標を見ていくと幅広く関連していることがわかります。例えば、目標3「すべての人に健康と福祉を」の中にある、「増大する高齢者の健康寿命をいかに延伸するか」は高齢社会において重大な目標設定です。他にも目標8「働きがいも経済成長も」では「高齢者の就労、社会参画」、目標9「産業と技術革新の基盤をつくろう」では「高齢社会課題解決イノベーション」、目標11「住み続けられるまちづくりを」では「高齢者が安心して住み続けられる街」など、親和性の高いテーマが並んでいます。

日本におけるSDGsへの取り組みは始まったばかりで、現状、多くの企業での取り組み状況は、すでに行っている社会貢献活動や事業活動を17の目標に照らし合わせて整理するに留まっています。しかし、CSR（企業の社会的責任）やイメージアップの観点からも、SDGsにビジネスで貢献しようとする企業は今後増えていくでしょう。**高齢社会の課題解決ビジネスを構想したり、さらに拡大させようとする際にも、「SGDs的視点」が鍵になる**はずです。

また、SGDsは17の目標のどれか一部ではなく、ひとまとまりで達成することが重要です。特定の課題を解決するためなら何をしてもいいというわけではありません。例えば、高齢者の雇用問題（高齢者活躍）は重要テーマの一つですが、その実現のために若者や女性の雇用機会が失われては元も子もありません。すべての人に共通の機会を提供するという、バランスのとれた視点でアプローチすることが必要です。

図表1-8 SDGsの17の目標

1 貧困をなくそう	[貧困] あらゆる場所あらゆる形態の貧困を終わらせる	10 人や国の不平等をなくそう	[不平等] 国内および各国家間の不平等を是正する
2 飢餓をゼロに	[飢餓] 飢餓を終わらせ、食料安全保障及び栄養の改善を実現し、持続可能な農業を推進する	11 住み続けられるまちづくりを	[持続可能な都市] 包括的で安全かつ強靭（レジリエント）で持続可能な都市及び人間居住を実現する
3 すべての人に健康と福祉を	[保健] あらゆる年齢のすべての人々の健康的な生活を保障し、福祉を促進する	12 つくる責任つかう責任	[持続可能な消費と生産] 持続可能な消費生産形態を確保する
4 質の高い教育をみんなに	[教育] すべての人に包括的かつ公正な質の高い教育を確保し、生涯学習の機会を促進する	13 気候変動に具体的な対策を	[気候変動] 気候変動及びその影響を軽減するための緊急対策を講じる
5 ジェンダー平等を実現しよう	[ジェンダー] ジェンダー平等を達成し、すべての女性及び女児の能力強化を行う	14 海の豊かさを守ろう	[海洋資源] 持続可能な開発のために、海洋・海洋資源を保全し、持続可能な形で利用する
6 安全な水とトイレを世界中に	[水・衛生] すべての人々の水と衛生の利用可能性と持続可能な管理を確保する	15 陸の豊かさも守ろう	[陸上資源] 陸上生態系の保護、回復、持続可能な利用の推進、持続可能な森林の経営、砂漠化への対処ならびに土地の劣化の阻止・回復及び生物多様性の損失を阻止する
7 エネルギーをみんなにそしてクリーンに	[エネルギー] すべての人々の、安価かつ信頼できる持続可能な近代的なエネルギーへのアクセスを確保する	16 平和と公正をすべての人に	[平和] 持続可能な開発のための平和で包括的な社会を推進し、すべての人々に司法へのアクセスを提供し、あらゆるレベルにおいて効果的で説明責任のある包括的な制度を構築する
8 働きがいも経済成長も	[経済成長と雇用] 包括的かつ持続可能な経済成長及びすべての人々の完全かつ生産的な雇用と働きがいのある人間らしい雇用（ディーセント・ワーク）を促進する	17 パートナーシップで目標を達成しよう	[実施手段] 持続可能な開発のための実施手段を強化し、グローバル・パートナーシップを活性化する
9 産業と技術革新の基盤をつくろう	[インフラ、産業化、イノベーション] 強靭（レジリエント）なインフラ構築、包括的かつ持続可能な産業化の促進及びイノベーションの推進を図る		

参考資料：国連広報センター／「持続可能な開発のための2030アジェンダと日本の取組」外務省

広報PRを積極的に活用する

　高齢社会における課題解決をビジネスとして取り組むことは、非常に難易度の高いテーマですが、同時に社会的に意義深い取り組みでもあります。メディアからも「**十分報道する価値のある社会的事業**」と見えるはずで、事業を推進する上でこれを活用しない手はありません。積極的にプレスリリースを発信する、メディア各社との関係を深めるといったアクションを行うべきです。

　取り組んでいる事業をメディアが社会的文脈の中で捉え直し、改めて事業の社会的価値を報道として伝えてくれる。それにより、事業は信頼と社会性を勝ち取ることができるでしょう。それには、事業の中身を正しく伝えるためのプレスリリースの発信や広報活動を怠ってはいけません。広告や宣伝活動も重要ですが、広報活動の効果は確実に事業の裾野を広げる効果をもたらすでしょう。

　例えば、新聞検索データベースG-Searchで、本書で取り上げたケース事例の主要新聞各紙の露出状況を見てみると、この3年ほどで「ミライスピーカー」は60件以上、「DFree」は90件、「マッスルスーツ」に至っては200件を上回る新聞報道を得ています。これに加え、当然テレビや雑誌でも取り上げられており、これらによる広報露出効果は極めて高いといえます。**先例のない商品やサービスを創出すれば、注目するマスコミもそれに比例して増えてくる**はずです。これをうまく活用していくべきです。

第2章

「体」が変わる

「体の変化」に対応するビジネス

身体（肉体）機能の変化

自覚症状が増えるのは50代から

　高齢期になると、人の体にはどのような変化が起こるのか？　高齢社会課題を考える上で鍵になるポイントを中心に触れておきます。加齢にともなう機能変化は、大きく**「身体（肉体）機能の変化」「感覚（五感）機能の変化」「認知機能の変化」**に分類されます。

　身体（肉体）の加齢変化は、おおむね30代後半〜40代から始まります。体型や肌など外見に現れる変化もあれば、目の見えづらさや痛み、しびれなど、さまざまな内的な具合の変化もあります。最初に現れるのが、白髪、シミ、シワなどです。基礎代謝量が低下して太りやすくなったり、体力や筋力の低下で疲れを感じやすくなったりもします。

　50〜60代に入ると、**日常的に何らかの有訴（病気や怪我などで自覚症状のあるもの）を感じる**割合が増え、通院する率も次第に増えてきます。男性の場合、高齢期に増えるのは腰痛で、次いで聞こえの悪さ、物忘れ、頻尿、便秘、手足の動きの悪さ、便秘などが並びます。女性は若い頃から腰痛や肩こりに悩まされる人が多いですが、年を重ねると手足の関節の痛みも増えてきます。70代からは、物忘れ、聞こえの悪さ、目のかすみなども増加します。

　後期高齢期になると腰が曲がり、徐々に前傾姿勢（円背、亀背）となる人も多くなります（特に女性に多い）。前かがみになると、視線は下方向に向きます。また、姿勢が変化すると重心の位置がずれてつまずきやすくなるため、その不安から歩行中に足元ばかりを見るようになります。その結果、周囲の状況に気がつかず事故を招く場合もあります。

　さらに、関節の動きが鈍くなり手足の可動域が狭まる、動体視力が衰えて機敏な反応ができなくなるといった老化による変化で、転倒した際にうまく防御姿勢が取れずに重篤となるケースも増えます。

図表2-1 年齢別に見た有訴者率（複数回答・人口千対）

男性	1位	2位	3位	4位	5位
60〜69歳	腰痛 133.4‰	肩こり 79.1‰	手足の関節が痛む 63.0‰	せきやたんが出る 55.8‰	手足のしびれ 54.4‰
70〜79歳	腰痛 170.1‰	頻尿（尿の出る回数が多い） 104.9‰	手足の関節が痛む 87.1‰	目のかすみ 87.0‰	せきやたんが出る 85.4‰
80歳以上	腰痛 200.5‰	きこえにくい 164.0‰	頻尿（尿の出る回数が多い） 131.4‰	もの忘れする 129.0‰	手足の動きが悪い 122.7‰

女性	1位	2位	3位	4位	5位
60〜69歳	腰痛 143.7‰	肩こり 135.9‰	手足の関節が痛む 98.6‰	目のかすみ 66.8‰	手足のしびれ 49.5‰
70〜79歳	腰痛 202.9‰	肩こり 147.3‰	手足の関節が痛む 139.4‰	もの忘れする 90.3‰	便秘 82.2‰
80歳以上	腰痛 225.8‰	手足の関節が痛む 173.0‰	手足の動きが悪い 157.8‰	もの忘れする 155.6‰	きこえにくい 155.5‰

出典：「平成28年 国民生活基礎調査の概要」厚生労働省

歩くことの困難さが転倒を引き起こす

　日常生活を送る上で大切な機能の一つに、「**歩けること**」があります。「平成29年 高齢者の健康に関する調査」（内閣府）によると、数百メートル歩くことを困難と感じる人は、70代前半では10.2％ですが、70代後半になると17.2％、80代では28.6％まで増加します。80代では、3人に1人弱が歩行困難を感じているのです。

　一般に、**歩行に困難を感じるのは女性が多い**とされています。女性は加齢により骨代謝に関わる女性ホルモン（エストロゲン）が減少すると、骨粗鬆症の発生リスクが高まります。もともと男性と比べて筋肉量が少ないこともあり、歩行困難（要介護状態）となる率が高いのです。女性の場合、「関節疾患」や「骨折・転倒」などが原因で要介護状態となる率が高くなっています。

握力の低下による日常動作の変化

　握力にも大きな変化が見られます。40代では40kg前半（男性右手）、20kg後半（女性右手）だったのが、80代には20kg後半（男性右手）、10kg後半（女性右手）まで低下します。男女ともに、**80代には成年時の7割程度まで握力が落ちる**の

です（国立長寿医療研究センター調査）。

　特に、女性の握力は男性の6割程度です。握力が弱まれば、重い物を持ったり、容器やパッケージを開けたりする際に困難が生じます。容器類は、中身をこぼさずに効率よく輸送できることを念頭に設計されるため、高齢者でなくとも開けづらさを感じることは往々にしてあります。高齢者の人口ボリュームが増える今後は、「開封しやすさ」に配慮した商品パッケージのデザインが重要になってくるでしょう。スーパーのレジにおいて高齢女性がレジ係に瓶やボトルの蓋を開けてもらう光景は、すでに珍しいものではなくなっています。

感覚機能（五感）の変化

基礎知識

情報量の低下につながる視覚の衰え

　感覚器（視覚・聴覚・嗅覚・味覚・触覚）も加齢とともに機能が低下しますが、**最も早く衰え始めるのが視覚**です。一般に、人間は情報の8割以上を視覚から得ているといわれます。したがって、視覚の衰えは、得られる情報量の減少を意味するのです。

　視覚の老化では、小さな字が読みづらくなる、**明るさや暗さへの反応が遅くなる**、暗い場所での判読力が落ちる、まぶしさへの感じ方が強くなる、視野角が狭くなる、特定の色彩が見えづらくなるなどの症状が起こります。

　人間の目をカメラに例えると、絞りの役割を果たすのが瞳の虹彩です。高齢期にはこの調節機能が低下し、特に明るい場所から暗い場所に入った際の暗順応に時間がかかるようになります。例えば、上映中の映画館やコンサート会場に入った時に、高齢者は暗い環境に慣れるのに時間がかかるのです。

　また、高齢者は対象をきちんと見るために、より多くの光量が必要になります。光を受容する機能が老化するためです。同じ文字の判読に、高齢者は30代の3倍の明るさを必要とするといわれています。

　さらに、カメラのレンズにあたる水晶体の内部が混濁（黄ばみと汚れにより白内障化）し、目に入ってきた光が乱反射を起こすようになります。まぶしさを感じる度合（グレア感）が高まるので、高齢者は**光源がむき出しの照明だとまぶしく感じる割合が高くなります**。

　視野については、上下方向の狭まりが顕著です。加齢でまぶたの筋肉が下がること、姿勢が前傾して目線が下に向くことで、特に上方向の視野が狭くなります。

　また、白内障化が進んだ結果、近紫外線領域（300〜400nm）から短波長（400〜450nm）、中波長（450〜500nm）の透過率が下がり、**黄色や青色などの色彩が見**

43

えづらい、コントラストの弱い（明度差・彩度差）デザインの文字と背景の認識度が低くなるといった変化が出てきます。

高い音が聞こえづらくなる

　聞こえの問題は、おおむね50代前半から徐々に生じ、80代では日常生活に不便を来す割合が増加します。いわゆる難聴は、伝音性難聴（外耳から前庭窓までの伝音機構障害）と感音性難聴（内耳から大脳中枢に至る経路での障害）に分類でき、**高齢者の聞こえ問題は主に感音性難聴に起因**します。

　感音性難聴では、聞こえの最小可聴値が上昇することに加えて、音の聞こえ方に歪みをともなうことが多いです。最小可聴値の上昇は、高音域（2kHz以上）で顕著で、女性よりも男性のほうが聞こえづらい人が多いようです。難聴を補助するさまざまな補聴器が開発されていますが、見栄えや違和感を気にする人は多く、実際に装着されている数は難聴者の実数よりもはるかに少ないのが現状です。

　また、**高音域が聞き取れなくなる**という点では、音の大きさについて留意する必要があるでしょう。騒音のほうが音声音量よりも10 dBほど（3倍程度）高いと音声が聞こえづらくなるといわれます。例えば、災害放送などで高齢者に注意喚起を図る際には、周囲の騒音音量を考慮した音量設定にすることが重要です。

濃い味付けを好みがちになる

　味の感じ方にも変化が生じます。味覚は舌表面にある味蕾の味細胞が情報を脳に送ることで、甘味・苦味・酸味・塩味を感知します。後期高齢期になると味蕾が縮小・減少するため、味覚に変化が起きるのです。内服薬や義歯の使用、口腔内の清潔状態なども味覚に影響を及ぼします。

　味覚のうち、まず**塩味と甘味に対する感度が低下**し、次いで苦味と酸味の感度が低下します（喫煙習慣のある人の場合はさらに感度が低下）。高齢者に濃い味付けを好む人が多いのは、この感度低下によるところも大きく、塩分・糖分の過剰摂取の一因になっています。

　この他、後期高齢期になると、**口の中が渇きやすい、むせやすい、せき込み**

やすい、食後に声がしゃがれてしまうなどの症状も起きやすくなります。

感覚が鈍り、ぶつかりやすくなる

　感覚細胞の老化により、**熱さ、寒さ、痛みなどの感度も低下**しやすくなります。本人が気づかぬうちに怪我をしていたり、事故にあうようなケースも起こります。「知らないうちに（どこかにぶつけて）手や足に青あざができていた」という高齢者の話はよく聞きますが、その一例です。

　触覚の低下により、作業が実行できているかどうかがわからなくなるというケースもあります。例えば、銀行ATMのタッチパネルで、「実際にボタンが押せているのかどうか、わからない」という高齢者を見かけることがあります。こうした状態を回避するためには、ボタンを押した瞬間に画面が振動するなど、**他の感覚機能で認識を促す手法**が有効でしょう。

　近年、夏になると「熱中症で倒れた高齢者を病院へ搬送」といった報道をよく目にしますが、これは**体温調節機能の低下**によるものです。一般に、暑くなれば汗をかくことで体温を下げます。しかし、高齢者は汗をかきにくく、体内水分が少ないにもかかわらず水分摂取量も少ない。暑さの感じ方も弱くなるので対応も遅れてしまい、その結果、体内に熱がこもって熱中症を引き起こしてしまうのです。

　また、高齢者には冷え症も多いですが、これも寒暖に対する感覚が鈍るため。冷房の効きすぎに気づかず、調子を悪くしてしまう人が多いのです。

　例えば、高齢者が多く利用するような施設では、**サービス提供者側が気をつけて温度管理を行う**必要があるでしょう。体に直接冷房の風があたるような場所をできるだけ作らない、外気温度と室内温度の差を大きくしすぎない、設定温度をこまめにチェックするなどの配慮が求められます。一部の食品スーパーでは、冷蔵ケースからの強すぎる冷気で体調を崩してしまう高齢者もおり、鮮度管理、利用者の体調管理の両面からの配慮が必要です。

認知機能の変化

記憶力の低下

　加齢にともなう認知機能の低下には、理解力や判断力の低下、言語理解能力の低下などがありますが、最も多くの人に現れるのは記憶力の低下です。人の名前が思い出せない、買い物で買うべき物を失念してしまう、今しがたまで何をしていたのか一瞬忘れてしまう……など日常生活の中で「**記憶に関するトラブル**」が発生するのは高齢期の特徴です。物忘れをすることが続くと、冗談交じりに「このままいくと、認知症になるのでは？」という不安が頭をよぎりますが、自覚のある物忘れ（生理的健忘）と認知症とは別物です。

　記憶は保持される時間の長さで、「**短期記憶**」**と**「**長期記憶**」**に分類**されます。短期記憶は、新しい情報を意識に留めておく能力で、短期記憶の情報が忘却されることなく蓄積されたものが長期記憶となります。

　短期記憶は、単純に得た情報を原型のまま覚えようとするものですが、この得た情報に一定の加工を加える場合は「**作業記憶**」（ワーキングメモリ）といわれます。例えば、「繰り上げ算」のような比較的簡易な計算を行ったり、電話番号を一時的に覚える場合などがそうです。

　単純に一定の情報を記憶に留める短期記憶は、加齢による影響をさほど受けず、高齢になっても能力が維持されます。一方で、作業記憶は加齢とともに明らかに低下していきます。ただし、作業記憶は訓練によって加齢低下を一定程度留めることが可能といわれています。

　長期記憶は、短期記憶で得た情報が長期保存用に貯蔵され、必要に応じて取り出されるものです。長期記憶に保存された情報は、思い出されることで繰り返し再生できます。長期記憶は加齢とともに大幅に低下しますが、特に顕著なのが「記憶の獲得」と「記憶の再生」。つまり、「覚えられない」「思い出せない」ということです。

図表2-2 記憶の種類と加齢の影響

種類	内容	加齢の影響
短期記憶	数秒から数分の間、覚えておく記憶	ほとんど影響なし
作業記憶	短い時間、あることを記憶に留めておくと同時に、認知的な作業を頭の中で行う記憶 (例えば、「5-4-3-2」と聞いたら、「2-3-4-5」と答える)	影響が顕著にみられる
エピソード記憶	ある特定の時間と場所での個人にまつわる出来事の記憶 (例えば、「朝食で何を食べたか」「昨日どこに行ったか」)	影響が顕著にみられる
意味記憶	誰もが知っている知識についての記憶 (例えば、「消防車は赤色」「日本の首都は東京」)	影響は(ほとんど)ない
手続き記憶	学習された運動機能の記憶 (例えば、自転車に乗る、スポーツの技能)	影響がなく、維持される
展望的記憶	将来に関する記憶 (例えば、友人と会う約束の時間や場所、特定の時間に薬を飲む)	影響がみられるようだが、理論的には議論の余地あり

参考文献:『高齢者心理学』権堂恭之編(朝倉書店)

　長期記憶は、内容により**「エピソード記憶」「意味記憶」「手続き記憶」**などに分類されます。エピソード記憶は、自分の過去の経験や出来事に関わるさまざまな想い出です。「友達にこんなことを言われた」「あの時は雨が降っていた」といった個人的記憶がこれにあたります。

　意味記憶は、想い出とは関係のない、いわゆる「知識」にあたるものです。意味記憶が、自己が介入しない抽象的な記憶で、きっかけがないと思い出せないのに対して、エピソード記憶は、加齢による影響はあるものの、意識すれば比較的簡単に思い出すことができます。

　一方、手続き記憶は、自転車に乗る、ピアノを弾くといった、学習された運動機能の記憶であり、これは加齢の影響をさほど受けることなく維持されます。

忘れやすさにどう対応するか?

　年を重ねると物覚えが悪くなるといわれますが、最も大きな原因は、神経細胞の老化よりも、新しいことを学ぼうとする好奇心や興味の低下です。そうした高齢者の忘れやすさへの対応としては、**「外的記憶テクニック」**と**「内的記憶テクニック」**の二つがあります。

　外的記憶テクニックは、買い物リストのメモを作成する、カレンダーに予定を書き込む、目に付く場所に置いておく、といった外部の物品や空間などを活

用して記憶の代替手段にしようとするものです。例えば、高齢者の顧客に備忘のためのメモなどを積極的に渡す、(新聞記事やチラシなどを)切り抜きやすくする、メッセージをサイフに入れやすい大きさで作成するなどの工夫が考えられます。

内的記憶テクニックは、文字のゴロ合わせや略語化により、記憶想起を図ろうとするものです。例えば通販番組などで、覚えやすいCMソングに乗せて商品名を繰り返したり、ゴロのよい電話番号をメロディーに乗せて放送したりするのも、とりわけ高齢者の認知を得るためには有効な手法といえるでしょう。

図形や色と記憶を結びつけるのも効果的です。今もそうなっているかは定かではありませんが、以前、ディズニーランドの広大な駐車場には、戻ってきた時に場所を忘れないようにキャラクターのサインがエリア別に表示されていました。これも記憶を強固にするための一手段です。

忘れやすさを防止するためには、**感情と記憶をつなげるのが効果的**です。高齢者に覚えてほしいことを、個人の想い出として「エピソード記憶」化させれば記憶は強固になります。単に情報として流すのではなく、会話とともに覚えてもらう、笑いや涙や美味しさなどの感情エピソードと一緒に記憶してもらうといった手法が効果的です。

機能変化にどのように対応するか?

　以上、高齢者の加齢にともなうさまざまな身体・感覚・認知機能の変化とその留意点をまとめました。便宜上、個々に分けて説明しましたが、実際には、**こうした症状や機能変化は同時に複数起きる**ものです。

　今までの生活で当たり前にできていたことが少しずつ難しくなり、負担を強いられるようになり、さらに機能低下が進めば、要介護状態や認知症になる可能性が高まる。本人の意思とは裏腹に身体動作がともなわなくなり、その結果、不意の転倒や骨折、予期せぬ大きな事故などにつながっていくわけです。**高齢社会の課題を引き起こす原因の多くは、加齢変化が引き金になってもたらされる**といってもよいでしょう。

　日常生活における困難が家庭内のものであれば「家族問題」の域に留まりますが、困難を抱える人々が地域社会に多く存在するとなれば、それは「社会課題」に発展します。個人の困難にせよ、社会の困難にせよ、高齢者の数が増えれば困難を抱える人の数も増加するので、「加齢にともなう機能変化」は課題解決ニーズの高い市場であるといえます。私たちは、さまざまな高齢者の老化内容をきちんと理解した上で、個々の商品、サービス提供の段階で、どのようなことが可能で、かつ課題解決につながるかを考えることが重要です。

「体の変化」に対応する商品・サービスの考え方

加齢変化への3つのアプローチ

　それでは、加齢による機能変化の基礎知識を踏まえて、ビジネスによる課題解決を考えてみましょう。個人の加齢変化にともなう困難に対応する方法としては、次の3つのアプローチが考えられます。

①本人の身体機能の回復を目指す
②本人への装着などによる対応を図る
③周辺の環境面からの対応を図る

　①は、何らかの手段や方法を通じて、本来、本人に備わっている機能の回復を図ろうとするものです。「リハビリテーション」や「介護予防」に関わる運動や体操、ある種の外科的措置もこの範疇に入ります。

　近年、介護予防運動で注目される「コグニサイズ (cognicise)」もその一例。国立長寿医療研究センターが開発した、「運動と計算」や「運動としりとり」などの運動課題と認知課題を両方同時に行って、健康促進、認知症発症遅延を期待するプログラムです。

　メタボリック・シンドロームやロコモティブ・シンドロームの予防対応商品、特定保健用食品（トクホ）、機能性表示食品なども、このジャンルの商品といえるでしょう。幅広く捉えれば、介護予防体操や運動器具などの商品や介護予防メソッドもこの範疇に位置づけられます。

　②は、欠落した機能を外部の補助装置や助けを借りて対応を図るものです。補聴器や杖など、多くの介護福祉機器用品はこのジャンルに入ります。従来、このジャンルの商品群は、装着することが負のイメージで捉えられがちであったり、量産化が図れず比較的高価格でした。しかし今後は、高齢者数の増加や

図表2-3　加齢変化対応のバリエーション例

方向性	ケース1 （歩行困難の場合）	ケース2 （難聴の場合）	ケース3 （体型変化の場合）
本人自身の機能回復を図るもの	・筋力トレーニング ・リハビリテーション	・治療、手術	・運動 ・筋力トレーニング
本人に装着などして対応するもの	・杖 ・車椅子	・補聴器	・体幹筋サポーター
周辺の環境面から加齢変化への対応を図るもの	・バリアフリー化	・指向性スピーカー ・スピーカーボリューム	・体形をカバーする洋服 ・体を動かしやすい、着脱しやすい洋服

AI、3Dプリンターなどのマス・カスタマイゼーション技術の浸透によって、より個別性が高く、安価で高機能な商品の登場が期待できます。

③は、本人を取り巻く環境の改善によって、負荷を低減しようとするものです。バリアフリーなどの都市環境整備がこの範疇に入ります。

「環境面からの対応」では、ハード面のみならずソフト面の対応も大切です。例えば、筆者がかつて鑑賞した高齢女性に人気の歌手のコンサートでは、幕間の休憩時間が一般のコンサートよりも長めに設定されていました。これは、トイレ休憩への対応でもありますが、同時に物販対応でもあります。彼女たちにとっては、おみやげの購買も鑑賞の楽しみの一つ。休憩時間を長く設けておけば、物販の収入増も期待できます。

また、運営スタッフが場内に寒暖計を置いて、温度をこまめにチェックしていたのも印象的でした。高齢者がどれだけストレス・フリーでいられるか。そのための心配りは、やり過ぎと思えるほど対応したほうがよいということを目の当たりにしました。

加齢変化への対応は、上記3つの対応を軸に、もしくは複数を組み合わせながら図ることがポイントです。

「軽老商品」に注目

　要介護または要支援の認定を受け、何らかの援助が必要となる人の総数は606.8万人で、第1号被保険者の17.9％を占めています（「平成30年版 高齢社会白書」内閣府）。逆にいえば、**残りの3割以上の高齢者は、「介護未満」かつ「健康未満」の人々**ということになります。

　こうした人々に対応する商品を、筆者は前著『超高齢社会マーケティング』（ダイヤモンド社）の中で「軽老商品」と名付けました。筋力の衰えを補強、もしくは回復するための靴、疲れやすさを軽減するための衣服、忘れやすさを防止するためのメモパッド、不眠状態を改善するためのハーブ、耳の聞こえづらさを軽減するためのスピーカーなど、開発の可能性は数限りなく存在します。加齢変化による個々人の悩みや困難が解消される、そのような商品の開発が望まれています。

　例えば、歩行に不自由を感じている人のための商品としては、杖や歩行車、歩行器、車椅子（電動も含む）などがありますが、バリエーションがあまりにも少ないのではないかとも感じます。セグウェイ型の歩行機器や、もっと心がわくわくするような移動支援装置が生まれてもいいはずです。

　また、こうした「軽老商品」は、百貨店や大手量販店の介護関連コーナーで販売されていることが多いですが、介護未満で健康未満の高齢者が自らそうした売場に赴くことはあまりないでしょう。一方で、この人たちのニーズを満足させるような売場開発も進んでいません。「軽老商品」の開発とともに、高齢者顧客とのコンタクトポイントを開発することも今後の課題といえます。例えば、誰もが知っているような超有名ブランドがこのような商品を開発すれば、大きな話題性を呼び、商品の普及も広がっていくことでしょう。

世代の変化に注目して「ネガ→ポジ変換」

世代で異なる高齢者の意識と価値観

　高齢社会を考える上で留意すべき点の一つが、**高齢者の内実は「世代」により変化する**という事実です。「10年前の70歳」と「現在の70歳」が異なるように、「10年後の70歳」も今のそれと同一ではありません。その質的変化を理解する必要があります。

　「戦前・戦中生まれ高齢者」と団塊世代以降の「戦後生まれ高齢者」を比較すると、生まれ育った環境の違いにより、生活の価値感や意識は大きく変化しています。戦前生まれ世代がおおむね質素や倹約を美徳とするのに対し、戦後生まれ世代は消費する楽しみを知っています。パソコンやスマホなどの情報メディアへの接触頻度も、明らかに高まっています。

　また、近年の高齢者は体力的にも若返っています。桜美林大学老年学総合研究所・鈴木隆雄教授の調査によれば、1992年と2002年の70歳を比較すると、後者は体力年齢でほぼ10歳程度若返っているそうです（『超高齢社会の基礎知識』講談社現代新書）。これは、食生活や運動習慣の有無、健康に関する知識や関心の多寡などが影響を及ぼしています。**平均寿命が伸び続けることによって、全般的には元気高齢者が増えている**のです。

「ネガティブ」から「ポジティブ」マインドに

　加齢変化対応商品は、一般にネガティブ・イメージを抱かれるものが少なくありません。例えば、介護用おむつや杖、車椅子、補聴器などです。加齢にともなう老化の多くは、「自分が望んでいない未来の状態」でもあります。使えば便利かもしれないが、不都合を許容できるうちは使用したくないという心理が働くのです。

このようなネガティブ・イメージを変えるためには、その商品を使うことでいかに自分の生活がポジティブで明るいものになるかという、**「ネガ→ポジ変換」**が重要になります。「ネガ」から「ポジ」への変換は、例えば健康食品のCMで、「(個人的感想として)この商品を使うことで、毎日がとても明るく、生き生きとしたものになった」といったような商品訴求のコミュニケーションを通じて行われるケースが一般的です。近年ではコミュニケーションだけでなく、商品そのものにもっとポジティブで明るいイメージを積極的に付加しようとする試みが現れています。例えば、イオンリテールのステッキ専門店「ファンタステッキ」やジンズの老眼鏡(リーディンググラス)、ハズキルーペなどのケースがそうです。

イオンのステッキ専門店「ファンタステッキ」

流通大手のイオンリテールは、いち早くシニア・シフト戦略を打ち出し、アクティブで消費に積極的なシニア世代を「G.G＝グランドジェネレーション」と名付けました。シニア・シフトを明確に打ち出した店舗を「G.Gストア」として展開しており、その中の象徴的なショップの一つが、**ファッショナブルなステッキを多数揃えた専門店「ファンタステッキ」**です。

従来、高齢者向けのステッキ売場は、介護用品売場の片隅にあるような存在でした。現在でも、ステッキを持つことが「おしゃれなこと」「機能的なこと」

ファンタステッキ店舗
(イオンリテール提供)

と一般に認識されているわけではありません。この状況に対してファンタステッキが行ったのは、ステッキをファッションアイテムとして位置づけ、高齢期の外出生活の主役としようとする試みでした。

ファンタステッキ売場は、シニア戦略を強化しているイオン葛西店、イオンスタイル検見川浜店、イオン八事店などの5店舗に設けられています（2019年8月現在）。店頭ではさまざまなタイプのステッキを取り扱い、花柄グリップから折りたたみ可能な機能的なタイプ、高級な素材と細工にこだわり抜いたステッキまで、価格もデザインも他店ではなかなかお目にかかれないほどの幅広い品揃えです。

高齢期に介護状態となる主要な原因の一つが「転倒」です。ステッキ利用は転倒を予防する効果も高いのですが、日本の高齢者のステッキ利用率はさほど高くありません。荷物になる、年寄り臭い、おしゃれじゃないなどのイメージがあるからでしょう。ファンタステッキのような取り組みにより、ステッキに対するイメージがネガからポジへ変換されていけば、高齢者の歩行の安全性も向上し、転倒事故も今より少なくなるでしょう。

ジンズ「美人リーディンググラス」

もう一つのケースが、カジュアルメガネの大手、株式会社ジンズが2017年に発売したリーディンググラス（老眼鏡）です。元ピチカート・ファイヴの野宮真貴とのコラボレーションによるもので、商品名は**「美人リーディンググラス」**。「リーディンググラスをかけることを、もっと楽しく。掛ける仕草まで魅

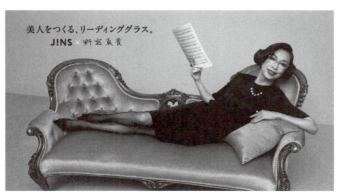

美人リーディンググラス
（ジンズ提供）

力的に見えるようにこだわった、これまでにないファッション性の高いデザイン」(同社ホームページより)を目指しています。キャットアイから知的なウェリントンタイプまで3種類あります。老眼鏡も今までは、どちらかといえば「必要に迫られて購入する」「別に安物でもかまわない」というような存在でしたが、「美人リーディンググラス」からは「年齢を重ねたことをより楽しもう」というメッセージが感じられます。

ポジティブな「老い」

　近年、話題となったファッション写真集『Advanced Style―ニューヨークで見つけた上級者のおしゃれスナップ』(大和書房)をご存じでしょうか。ニューヨーク在住のフリーランス・ライターでありフォトグラファーのアリ・セス・コーエンが、街で見かけたおしゃれな60歳以上の女性を撮影した人気ブログ (https://www.advanced.style/) を写真集にしたもので、高齢になったからこそ周りの目を気にせずに、自らの欲望のままにファッションを楽しむ女性の姿が、生き生きとスナップされています。日本でも話題になり、同じようにおしゃれなシニア女性を取り上げた書籍が、その後いくつも出版されました。

　また、「グレイヘア」と称して、白髪を染めたりすることなく、自分の自然な変化として受け入れる、高齢期の新しいライフスタイルもトレンドになりつつあります。

　いずれの事例も、新しい高齢者の登場とともに、**加齢変化による困難を単なる「困りごと」ではなく、ごく自然なスタイルとして受け止め、「加齢を楽しむ高齢者」が増加してきている**ことを示すものです。このような「老い」をポジティブに捉えるケースは、今後、多くの軽老商品分野でさらに登場することが期待されます。

高齢期の病気や不慮の事故に備える

課題
▼
ビジネス

要介護未満の商品・サービス

　加齢とともに生じる体のさまざまな不具合も、日常生活にさほど支障を来さないレベル（第1次加齢）で留まっていればよいのですが、場合によっては老人性疾患と呼ばれる病気（第2次加齢）に進行してしまうこともあります。

　図表2-4は、65歳以上の男女における通院率の高い疾患です。男女ともに高いのは、**高血圧症、眼の病気**（白内障、緑内障など）、**腰痛症、歯の病気**など。こうした病気がさらに進行すると、要介護状態や死に至る病になる可能性もあります。

　また、要介護状態となる原因についてみると、男女で異なるようです。男性は、脳血管疾患（脳卒中）が多いのに対し、女性は認知症や骨折・転倒などが高くなっています（図表2-5）。

　近年、介護予防や健康寿命の延伸が大きな社会課題となっていますが、こう

図表2-4　**65歳以上の通院者数（人口千対）**

	男性	‰
1	高血圧症	291.8
2	糖尿病	139.5
3	眼の病気	116.8
4	腰痛症	92.9
5	前立腺肥大症	82.9
6	歯の病気	79.9
7	脂質異常症（高コレステロール血症等）	70.7
8	狭心症・心筋梗塞	65.8
9	その他の循環器系の病気	53.6
10	脳卒中（脳出血、脳梗塞等）	39.7

	女性	‰
1	高血圧症	288.6
2	眼の病気	149.5
3	脂質異常症（高コレステロール血症等）	125.7
4	腰痛症	123.8
5	骨粗しょう症	92.5
6	糖尿病	85.2
7	歯の病気	82.3
8	関節症	64.8
9	肩こり症	60.5
10	その他の循環器系の病気	41.2

出典：「平成28年 国民生活基礎調査の概況」厚生労働省

した疾病や**要介護状態にならないための予防型の商品・サービスの開発**も、今後ますます重要なテーマとなるでしょう。

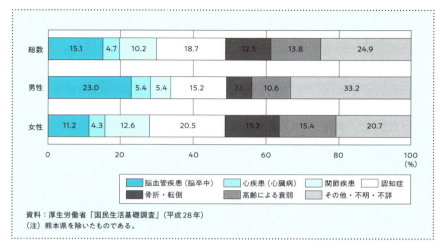

図表2-5 65歳以上の要介護者等の性別にみた介護が必要となった主な原因

資料：厚生労働省「国民生活基礎調査」（平成28年）
（注）熊本県を除いたものである。

出典：「平成30年版 高齢社会白書」内閣府

COLUMN

利用者視点にどれだけ寄り添えるか

　高齢者の個々の困難性を克服するための商品を開発するポイントは、「いかに利用者視点で考えられるか」にあります。筆者の母親に関するエピソードを紹介したいと思います。

　後期高齢者であった母親は、脳梗塞を起こして緊急入院していました。幸い後遺症はなく、退院の見込みが立ちましたが、実家は古家で段差や階段も多く、至る所につまずきの原因がありました。前述のように、高齢になると筋力が低下し、ちょっとした段差や出っ張りにつまずいて転倒骨折を引き起こします。

　退院後は転倒に気をつけなくては……と考えていた折、新聞で「転倒しづらい靴下」という商品記事を見つけました。ある大学の研究機

関と企業が共同開発したもので、指先が上を向いてつまずきづらくなるように、靴下の編み方を工夫したものでした。「これはいい！」と早速販売元を調べ、退院した母親にプレゼントしました。

　その後、しばらくして母親に靴下の感想を聞いてみると、「一度はいてはみたけど、気に入らなかった」と言います。指先の締め付けがきつかったそうです。確かに、転倒を防ぐために指先を上向きにさせるのですから、それだけ足の甲と指先を締め付ける必要があります。この靴下は、目的である「転倒しないこと」を重視するあまり、「はき心地」を犠牲にしてしまっていたのです。高齢になると疲れやすくなることもあり、身に着けていて楽なものが好まれます。この商品には残念ながら、その視点が欠けていました。

　このケースに限らず、高齢者向けの課題解決商品には、「ある問題を解決すれば事足りる」というものは実は少ないのです。全般的に虚弱になっている高齢者にとっては、一つの課題解決が、別のストレスや痛みを生み出す（リスク・トレードオフ）可能性も否定できません。補聴器を装着すると耳への圧迫感が煩わしい、介護パンツをはいたもののゴム部分が擦れてかぶれてしまう……ある対応が、新たに別の困難の原因となることもしばしばです。

　ストレスの連鎖を引き起こさないためにも、本来の目的にかなうことだけでなく、使用感や心地よさについても利用者目線で追求する姿勢が大切です。

社会インフラ・環境面から「体の変化」へ対応する

環境面からのアプローチ

　今後、後期高齢者が増加し、日常生活にさまざまな困難を抱える人々が増えれば、社会インフラの面からの対応も重要になります。かつての人口成長、経済成長時代に拡大した中心市街地を、再度、高齢化や人口縮小時代に合わせようとするコンパクト・シティのまちづくりも、高齢社会に対応した社会インフラの再整備といえるでしょう。

　2006年にバリアフリー新法が成立し、従来の建築物、公共交通機関、道路に加え、路外駐車場や都市公園にも、バリアフリー化基準の適合が求められるようになりました。しかし、一般の飲食店や商業施設まで含めると現実はいまだ遠い状況です。

　現在でも、高齢者に対応しきれていない施設は数多く存在します。施設表示や案内などのハード面から人的対応まで含め、さまざまな気配りや心配りができるかどうか。今後の対応の積み重ねが、高齢者の顧客満足を形成します。

「歩きやすさ」への細やかな対応

　例えば、歩行することに多少の困難さを感じている人がストレスなく日常生活を送るためには、どのような対応が必要でしょうか。生活空間や公共空間において段差をなくす配慮を行うのはもちろんのこと、つまずきやすい床面にしない、床面に出っ張りや段差があれば注意喚起するといった**バリアフリーの確保**が必要でしょう。

　また、ストレスなく移動できる環境に加えて、**休める空間、座れる場所**があることや、歩きづらい時に気軽に車椅子が利用できる環境なども大切になってきます。

休める空間、座れる場所は、できれば歩行距離100メートルに１カ所程度で配置されるのが望ましいとされています。1995年に導入された東京都武蔵野市のコミュニティバス「ムーバス」は、停留所を約200メートルおきに設置していますが、これも高齢者の歩行ストレスを考慮した結果です。

　休憩スポットの形状にも配慮が必要です。座面が低く、クッションの柔らかいソファは確かにくつろげますが、足腰の弱い高齢者にとっては負担の大きいものです。座面が低いと座る際に足腰への負担が大きくなりますし、柔らかくて体が深く沈むソファは立ち上がる際に苦労します。適度な座面高と適度な硬さ、肘掛けを備えた椅子のほうが、高齢者にとっては快適なのです。

　車椅子の利用については、日本と海外でその意識に大きな差があるように感じます。特に米国では、空港や商業施設、テーマパークなど移動に困難をともなう大型施設には、気軽に利用できる車椅子が設置されています。無理をしないですむ環境が整えば、高齢者の「歩くこと」や「出かけること」に対するハードルも下がりますから、今後の高齢社会では重要なポイントとなるでしょう。

図表2-6　建築・設備計画上での高齢者への配慮事項

主な要因	配慮すべき事項
動作寸法・筋力の変化	・低い所や高い所における収納への配慮 ・開口部の取っ手は使いやすい形状にする ・操作しやすい形状の水栓とする ・コンセントなどの取り付け高さに注意する
つまずきやすく、転倒しやすい、急勾配での昇降移動が困難	・不必要な段差を設けない ・滑りにくい床材を選定する ・勾配が緩やかで、踏み外しにくい階段とする ・必要箇所へ手すりを設ける ・浴室への出入りが安全にできるよう配慮する
運動能力の低下による車椅子の利用	・調理台カウンター、洗面台の下部にクリアランスを設ける ・便座は腰掛け式、車椅子動線部分を確保する
俊敏性、生理・感覚機能の衰え	・ガス漏れ警報器、火災報知器、消火装置の設置 ・開口部の戸は適切な開き勝手のものとする ・適切な冷暖房・換気設備を設置する ・適切な室温を維持できるようにする
視力の低下・視野の低下、色識別能力の低下	・適切照度、均一照明の確保 ・つまずきやすい箇所での照度に配慮する ・手暗がりになりやすい部分の照明に配慮する ・適切なスイッチを使用する ・中途半端な段差、見えにくい段差を設けない

参考文献：『高齢者のための建築環境』日本建築学会編（彰国社）より一部抜粋

被害防止・加害防止視点からの商品開発

被害者になるケース、加害者になるケース

　高齢社会課題を考えるにあたって、もう一つ憂慮すべき点が「高齢者の事故や安全」です。これには**高齢者が被害者となるだけでなく、図らずも加害者となってしまうケース**もあります。

　振り込め詐欺などの特殊詐欺では、高齢者（65歳以上）の被害件数は約1.3万件と全体の約8割を占めています。一時は詐欺の件数自体も沈静化傾向にありましたが、近年、再び上昇しています（「平成30年における特殊詐欺認知・検挙状況等について」警察庁）。

　交通事故死者数に占める高齢者（65歳以上）の比率も、死者数全体の55.7％と

図表2-7　不慮の事故別に見た65歳以上の死亡人数

出典：「2017年 人口動態調査」厚生労働省

半数以上を占めています。近年、全年齢死者数は減少傾向にあり、高齢者の占める割合だけが高くなっているという状況です（「平成30年中の交通事故死者数について」警察庁）。

住宅火災に占める高齢者の死者数の割合も70.6％（平成30年668人）と、全体の7割を占めています（「平成30年（1～12月）における火災の状況」総務省）。地震をはじめとする災害発生時に高齢者が弱者となってしまうのと同様に、**安心・安全も高齢社会における課題の一つ**といえるでしょう。

さらに、「不慮の事故」で亡くなる高齢者も多数います。不慮の事故と聞くと、交通事故などを想像しますが、高齢者の場合は**転倒や浴室での溺死、不慮の窒息により亡くなる数のほうが圧倒的に多い**のが実態です。

一方で、「加害者」という視点も忘れてはいけません。高齢運転者による交通死亡事故は年間約450件発生しています。交通死亡事故の総数が減少傾向にある中で、**高齢運転者の死亡事故率は上昇傾向**。特に**全交通死亡事故件数に占める75歳以上の運転者の割合は、年々増加**しています（2007年の8.2％から2017年の12.8％と、10年間で5％近く上昇）。増加原因は明確で、高齢免許保有者数の増加によるものです。

75歳以上の免許保有者数は、現在約540万人。10年前（約257万人）と比べると、なんと2倍以上に増えています。現在の高齢者の若かりし頃が、まさに1960年代のマイカーブームであったことも影響しているのでしょう。この数値は、全運転免許保有者の9％を占めており（65歳以上でみると25％）、もはや高齢者による運転を「少数派」として無視できるものではありません。

事故原因がはっきりしないものもありますが、多くは老化にともなう運動・反射神経、認知機能の低下などを原因とするものです。しかし、高齢者による事故が目立つからといって、強制的に免許返納を義務づければよいというものでもないでしょう。買い物や通院など、自動車が生活に欠かせない状況にある人は多く、いかにして高齢者の安全運転を可能とするか、その仕組みや方策を考えなくてはなりません。

高齢ドライバーの中には、長年運転し続けている自負から、自分の運転技術を過信している人も少なくありません。動体視力やとっさの反応など、運動能力が落ちているのは明らかなのに、たとえ軽い事故を起こしても「偶発的な出来事だ」と正常性バイアスをかけてしまいがちです。

重要なのは、高齢者が「自身の運転能力がどのレベルであるのか」をはっき

りと自覚することです。将来的には、ロボットや自動運転などの機能を活用した高齢者運転支援・事故防止技術の開発も期待されるところです。

　また、先に述べた交通事故被害についても、事故原因は「走行車両の直前直後横断」「横断歩道以外の横断」など、高齢者自身の交通法令違反を理由とするものも多く、実は一概に「被害者」といえない側面もあります。
　火災も同様で、**住宅火災原因の上位を占めるのは、「放火」を除くと「たばこ」「ストーブ」「こんろ」**などです。これも高齢者自身による不注意や不始末が原因となったケースが多数あります。このように、高齢期には、本人自身が被害者になると同時に加害者となるケースも多いのです。

被害防止関連商品の開発事例

　こうした状況を受けて、具体的な被害防止関連商品も登場しています。事例をいくつか紹介しましょう。

　シャープ株式会社が開発した**「詐欺防止対策付き固定電話」**は、振り込め詐欺防止機能に加え、見守りや緊急時に家族に連絡する機能を搭載した固定電話。設定は不要で、見守り機能を使う場合も特別な工事や契約は必要ないという、ある意味で高齢者にやさしい仕様となっています。
　オリックス自動車株式会社による**「あんしん運転見守りサービス Ever Drive」**は、高齢者の交通事故防止に焦点をあてた、車搭載端末型の運転見守り装置です。急加速や急減速、速度超過など、事故につながりやすい運転を検知すると、家族などにメールで送信する機能を備えています。運転データが可視化されることで、自身の運転を振り返ることができ、加えて家族ともコミュニケーションをとることで、安全運転意識を高めてもらおうとするものです。
　ナビコミュニティ株式会社が開発した**「浴室システム」**は、「浴室用動き検知センサー」と「自動排水栓」の組み合わせにより、入浴中の溺死の危険性を回避するシステム。検知センサーはシャワーや水流には反応せず、人の動きだけに反応します。一定時間以上（60秒）浴室で反応がない場合に何度か安否確認のメッセージを送り、90秒以上レスポンスがなかった場合は家族や警備会社に通報すると同時に、自動排水を行うというものです（同社ホームページより）。

こうした被害（もしくは加害）防止商品の開発も、今後さらに望まれるところです。

COLUMN

被害防御がもたらす弊害

　高齢者が被害者となることを防ぐのは重要ですが、一方で被害を防ごうとするあまり、本人の権利を侵害してしまうケースも生じています。

　2017年6月25日付朝日新聞朝刊の「声」に「高齢者は自由にお金を使えない？」という投書記事が掲載されました。

　ある高齢女性が、自分の保険が満期になり、振り込まれた金額を引き出しに夫婦で銀行に赴いた時のこと。銀行員から身分証明書の提示を求められた上に、お金の使い道を根掘り葉掘り聞かれ、さらには警察官まで呼ばれ〝取り調べ〟を受けたというのです。そのお金は、納骨壇を購入するためだったのですが、購入予定のお寺に確認の電話を入れられ、娘にも電話され、住所、氏名、生年月日、携帯番号までたずねられ、お金を引き出すまでに1時間半あまりかかったというお怒りの投書でした。

　こうした動きは全国の金融機関に広がっています。しかし、引き出し限度額をはじめとする対応ルールも金融機関ごとにばらつきがあり、顧客への周知が徹底していないことで、混乱を招いているようです。口座の引き出し制限は、最近はキャッシュカードの振り込み制限にまで広がっています。このような問題も、現在の高齢者を取り巻く社会課題の一つとして検討されるべきテーマといえるでしょう。

難聴者でも聞こえやすい 音のバリアフリー

株式会社サウンドファン「ミライスピーカー」

どんなビジネス？ 耳の聞こえづらい人（難聴者）であっても聞こえやすい音が鳴らせる革新的なスピーカー。業務用を中心として、多くの企業で採用され、さらには個人利用にも販路を拡大している。

高齢期の"聞こえづらさ"を解消するスピーカー

　現在、**聞こえに何らかの困難を感じる人（難聴者）は、約1400万人存在する**といわれています。中でも多数を占めるのが高齢者。聞こえづらさをカバーするものとして、さまざまなタイプの補聴器が出ていますが、見栄えや慣れるまでの難しさなどの理由から装着する人は少ないのが実情です。実際に補聴器をつけている人は、難聴者の14％程度という調査もあります。つまり、残りの約85％の人は、聞こえに問題を抱えつつ日常生活を送っているということです。

　聞こえの困難さは、コミュニケーションのとりづらさに直結します。高齢者施設を訪れると、一人でぽつんと佇み、誰とも会話をしようとしない入居者の姿を目にすることがあります。スタッフに聞くと、耳が遠いために会話がスムーズにできず、交流を諦めてしまっているとのこと。家族が補聴器をすすめても、装着感が気に入らず、装着しても周りのノイズが煩わしくなって外してしまうのです。こうしたケースは多々ありますが、**「ミライスピーカー」**は、そんな難聴の人にも聞こえやすい音を届けることができる画期的なスピーカーです。

（サウンドファン提供）

発想のきっかけ

　ミライスピーカーの発想の原点は、開発者佐藤和則さん（株式会社サウンドファン創業者）の父親が難聴であったことです。父親の難聴をなんとかしたいと考えていた矢先、音楽療法に見識がある名古屋の大学教授の**「蓄音機の出す音は難聴者に聞こえやすい」**という話を聞き、実際の現場を目にしました。早速、この原理をもとに試作機を作って父親に聞かせたところ、「確かに聞こえやすい」と言います。

　そこで、元ケンウッドの音響技術者・宮原信弘さん（現副社長（取材時））を誘って共同で会社を設立。4年の歳月をかけて開発したのが、「Boxy（ボクシー）」「Curvy（カーヴィー）」という2種類の曲面形状タイプのスピーカーでした。現在は、これに加え「Moby（モビィ）」というポータブル・ワイヤレスタイプ・スピーカーもあります。

どこが新しい？

　スピーカーと聞いて、多くの人が思い浮かべる形はコーン（円錐）形でしょう。電気信号を加えることでコーンが振動し、音声信号が再生されます。しかし、ミライスピーカーは、音声再生の原理が全く異なります。形は円錐ではなく曲面形状。この形状（素材はカーボンやガラス繊維のプラスチック）に音声信号を加えると、通常のスピーカーとは全く質の違う力強い音が飛び出してきます。

　一般のスピーカーは、離れると音量は減衰しますが、ミライスピーカーは驚くほど減衰しません。指向性が広く、かつ遠くまで届く、高エネルギー音なのです。高エネルギー音は、音が聞こえづらい人にとって聞き取りやすい。これ

67

山地浩さん（右）と宮原信弘さん（左）
（サウンドファン提供）

は数多くの難聴者の方々を対象に試聴テストを行った結果です。高齢者の難聴は「伝音性」「感音性」に分類されますが、ミライスピーカーはどちらにも聞こえやすい方がおられます。ただ、効果は明瞭に表れているものの、その理由は今のところ不明という不思議なスピーカーなのです。

ブレイクスルーのポイント

　量産化につながる前は、どうしても価格が高くなってしまいます。そのため、当初は**業務需要に狙いを絞った販売戦略**をとったのですが、これが成功につながりました。鉄道、空港などの交通系施設、金融機関や証券会社、病院窓口などを中心に約500社以上に広がっています。これらの業種では高齢者顧客が多く、窓口やセミナーでの説明内容をきちんと伝えることが極めて大切です。そうした企業ニーズに支えられる形で販売を伸ばしています。

　また現在では、一般消費者にも販路拡大を進めています。個人向けにはインターネットを通じ、月額2980円（2019年8月現在）のサブスクリプション（レンタル）サービスを開始。手軽な形での利用促進を図っています。

　今後はさらに小型化を実現した新製品を開発し、法人・個人それぞれがより利用しやすい、新しいサービスを提供していきたいと、同社社長の山地浩さんは意気込みます。

　災害時にも、このスピーカーは有効です。「2018年の西日本豪雨でも、強い雨音が原因で防災無線が聞き取れず、逃げ遅れた高齢者の方々がたくさんいらっしゃいました。もしミライスピーカーがそこにあれば、助かっていた人がいたかもしれません」（佐藤さん）と語るように、すでに企業の避難訓練や防災用

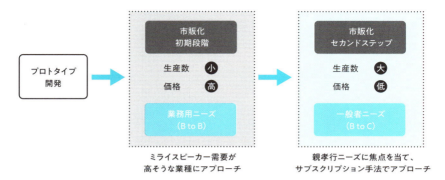

図表2-8 ミライスピーカーの販売戦略

の備蓄品としてミライスピーカー（Moby）が活用されはじめています。

また、将来的には海外での展開も視野に入れており、すでに**世界８カ国で国際特許を取得**しています。

ビジネスのヒント

装着を嫌がる難聴者に補聴器を着けさせようとするのではなく、スピーカーを通じて聞こえやすい環境を構築しようと考えるのは、逆転の発想といえるでしょう。これは、難聴のみならず、見えづらさ、歩きづらさなど、身体機能の衰えにともなうすべての課題解決に応用できるヒントです。

ミライスピーカーはまさにイノベーションと呼ぶにふさわしい発明ですが、発想の原点が、ひと昔前の蓄音機にあったのは驚きです。もしかすると、**イノベーションの芽は、未来だけに存在するのではなく、発展のもとに切り捨ててしまった過去にも潜んでいる**のかもしれないと気づかされます。

- イノベーションを通じて、加齢変化に生じる困難を解決
- 過去の製品や経験の中に、思いがけないヒントが潜む
- 開発段階に応じて、業務用、家庭用など需要別の掘り起こしを図る
- 特許取得により、海外展開のための準備も怠らない

●サウンドファン：https://soundfun.co.jp/

排泄を事前に予測できるデバイス

トリプル・ダブリュー・ジャパン株式会社「DFree」

> **どんなビジネス？**
> 下腹部に超音波のセンサーを装着することで、事前に排泄のタイミングをお知らせするデバイス。質の高い介護生活を送ることが可能になる。特別養護老人ホームを中心に、多くの施設で導入されている。

「生活の質」に影響する排泄の問題

　身体の自由がきかない状態になった時、生活の質（クオリティ・オブ・ライフ／QOL）に最も大きな影響を及ぼすのは、「食事」と「排泄」の2大要素です。とりわけ排泄は、**人間の尊厳にも関わる重要な問題**です。

　そのような要介護状態における排泄ケアの質の向上を目指して作られたのが、**排泄予測デバイス「DFree」**です。DFreeとは、「Diaper Free（排泄からの自由）」の略。下腹部に超音波センサーを装着すれば、排尿のタイミングを事前にスマホアプリで知らせてくれるデバイスです。

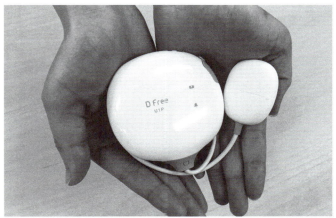

（トリプル・ダブリュー・ジャパン提供）

DFreeの機器はセンサー部と本体部に分かれ、重量は70ｇ程度。センサー部には超音波センサーが搭載されており、ここで膀胱のふくらみ具合を検知し、その状態を数値化してスマホアプリで表示します。排尿ログデータも記録されるので、排尿回数や間隔などを確認することもできます。

発想のきっかけ

　開発の契機となったのは、なんと代表取締役の中西敦士さんが30歳で米国留学した際の「お漏らし体験」。漏らさないようにするにはどうすべきか？　そもそも排便をなくすことはできないのか？　設置効率のよい便器が開発できないか？……などなど、留学中の友人たちとさまざまなディスカッションを重ねる中で、最終的に出てきたコンセプトが、「あと何分後に便意をもよおすかが把握できれば、安心してその時を迎えることができる」というものでした。

　当時インターンをしていたシリコンバレーのベンチャーキャピタルでアイデアを披露すると好評価だったこともあり、起業を決意します。中西さん自身は文系だったため、開発に協力してくれる人たちを見つけ、自分たちの体を使ってデータを集めながら、プロトタイプの開発を進めていきました。当初は、「排便」と「排尿」の両方を検知できるデバイスを目指していましたが、**開発スピードを重視**し、途中で「排尿」に絞ることを判断。排便予測は、現在開発中です。

ブレイクスルーのポイント

　一般に、スマホのアプリ開発や、既存のアプリを利用したビジネス開発には、さほどの初期投資を必要としません。しかし、DFreeのような実際のデバイスを開発するには、多額の資金が必要になります。数多くのコンテストでプレゼンテーションを行い、ベンチャーキャピタルからの投資を募る、研究開発の助成金に応募するなど並々ならぬ努力を重ねて、中西さんは事業開始にこぎつけました。

　また、**真剣勝負のプレゼンを重ね、第三者からフィードバックを受けることで、アイデアが磨かれ、事業や商品の完成度が上がっていった**面もあるでしょう。

　高齢化の波が日本に押し寄せてきていることも、開発の決意を後押ししました。2017年に法人向けの発売を開始し、現在は要介護度の高い高齢者が入居

する特別養護老人ホームを中心に、全国約200施設で導入。2018年からは、個人向けモデルも販売しています。さらに同年から米国、ヨーロッパなど海外での販売も開始し、そのフィールドは世界に広がっています。

ビジネスのヒント

少子高齢化にともなって、要介護者数の増加と介護人材の不足は大きな問題になっています。そうした状況で、DFreeはテクノロジーを活用して介護の質を高めることに成功している貴重なケースです。DFreeの開発ポイントは超音波センサーに着目したことでしたが、**「特定の高齢課題事象」を解決するためのキー・テクノロジーは何か？ それにより解決される価値はどこにあるか？ という問いを突き詰めて考えていくこと**が成功の鍵といえるでしょう。

図表2-9 排泄予測デバイスの可能性

- 特定の課題にポイントを絞り、徹底的にその解決方法を検討する
- 投資家へのプレゼンテーションなどで厳しくチェックされることで、アイデアをブラッシュアップ

● トリプル・ダブリュー・ジャパン：https://www-biz.co/

高齢者を加害運転から救う
AI型自動車運転評価システム

株式会社オファサポート 「AI型自動車運転評価システム（S.D.A.P.）」

> **どんなビジネス？**
> 高齢者の運転能力を正しく評価することができるシステム。自動車教習所と組み合わせた自動車運転リハビリ・プログラムを、介護サービスとして展開している。

誰もが納得できる運転評価システムの必要性

　株式会社オファサポートは、高齢者の運転評価システムをAIや各種センサー技術を活用しながら開発し、実際に自社の自動車教習所やデイサービスのプログラムに取り入れている、極めてユニークなベンチャー企業です。

　現在、運転評価はシミュレーターによるものが一般的ですが、同社が開発した「AI型自動車運転評価システム（S.D.A.P.）」は、実車による運転評価システムです。実際に乗車して自動車教習所内のコースを運転することで、運転能力を評価。運転の際のハンドルの切り方、スピードの出し方、ブレーキを踏むタイミング、カーブの曲がり方、左右の確認の仕方などをデータ計測し、模範運転と比較してどの点が劣っており、どこに留意すべきかを、すべて数値化して評価します。

　理想的な運転方法の基準は、自動車教習所の指導教官による運転がベースになっています。これを自動車や運転者に取り付けたGPS、視線計測などの各種センサーで測定し、AIに機械学習させることで模範運転をデータ化。AI技術に関しては株式会社コズモ代表の徳井直生氏（人工知能と人の共生による創造性の拡張を研究）、視線計測は宮崎大学工学研究部の田村宏樹氏など、さまざまな専門家の協力を得て開発が進みました。

　現在は、自社の教習所に併設するデイサービス（カーリハ＆菜園デイ みなみ）のリハビリ・プログラムとして、自動車運転評価システムを取り入れています。

AI型自動車運転評価システム（S.D.A.P.）車と服部さん

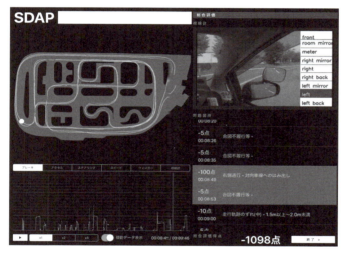

AI型自動車運転評価システム（S.D.A.P.）の結果サンプル（オフサポート提供）

> 発想のきっかけ

　同社代表取締役社長の服部幸雄さんは、現在、訪問リハビリテーション、訪問介護、デイサービスなど幅広い事業を展開していますが、もともとは宮崎県郊外にある自動車教習所（南九州自動車教習所）の経営からスタートしています。なぜ、このようなAI型自動車運転評価システム（S.D.A.P.）を思いついたのでしょうか。

　服部さんはある時、リハビリテーション病院から、高次脳機能障害の患者の

リハビリや社会復帰プログラムとして、運転の評価をしてもらえないかという相談を受けました。これは社会的にも意義のあることだと引き受けましたが、評価するのは教習所の教官。評価される患者側には高齢者が多く、教官から「運転に問題あり」などと指摘されると、自尊心が傷ついてしまう人も数多くいました。

　そこで考えついたのが、**「より客観性の高い評価測定方法はないか？」**ということ。当時、AIブームの走りだったこともあり、AIによる評価システムという考えに至ったのです。

ブレイクスルーのポイント

　AI型自動車運転評価システム (S.D.A.P.) の開発そのものも極めて興味深い試みですが、さらに面白いのは、そのプログラムを**単独で展開するのではなく、介護施設**(デイサービス)**のリハビリ・プログラムとして取り入れた**ところです。

　同社のデイサービスを見学すると、圧倒的に男性利用者が多いのです。一般的には、デイサービスの利用者には女性が多いのですが、「運転」という要素に惹かれて、この施設には男性が集まります。「免許証を返納した後でも車の運転がしたいから」という理由でデイサービスに来る方も多いとのこと。プログラムはまさに教習所と同じようなシステムで、教習原簿が渡され、一定のプログラムが終了するとハンコがもらえます。

ビジネスのヒント

　「自動車運転の評価システム」＋「自動車教習所」、加えて「デイサービス」**という組み合わせはなかなか思いつくものではありませんが、逆に可能性を感じる組み合わせ**です。

　少子化や自動車を欲しがらない若者世代の影響を受けて、自動車教習所経営は厳しい環境に置かれつつあります。そんな中、自動車教習所を従来の「運転免許取得のための施設」だけでなく、「高齢者向けリハビリ施設」と位置づけた発想は極めて斬新です。自動車運転評価の需要が高まれば、すでに一定の土地や設備（自動車）を持つ教習所にとって、新たなビジネスの可能性を示すものにもなるでしょう。

　このケースのように、**今までは若者向きの施設やサービスと考えられていたものを、発想の転換により高齢者向けサービスと捉え直す**ことで、新しい可能

性が見えてくるかもしれません。若者向きの施設に限らず、「銭湯＋温浴リハビリ」「スーパー＋デイサービス」「百貨店＋総合デイサービス」などといった異業種コラボの相性もよいのではないでしょうか。

　同社の将来的な目標は、このAI型自動車運転評価システムが他の自動車教習所でも採用されることです。教習車に同システムを搭載すべく、自動車メーカーとも交渉中とのこと。「このような試みが進むことで、1件でも高齢者の交通死亡事故が減ることを願っています」と服部さんは語ります。

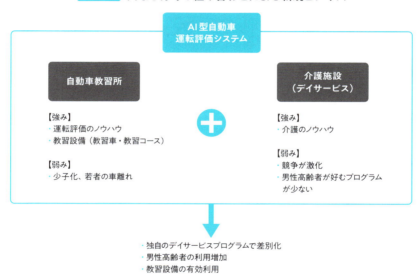

図表2-10　異なる分野の組み合わせによる新規ビジネス

○ 若者向けサービスを高齢者向けサービスに転換できるか考えてみる
○ ヒューマンサービスをAIやデータ測定を通じて標準化
○ 男性高齢者が好むプログラムを提供し、デイサービスとしても差別化

●オファサポート：http://ofa-support.com/

COLUMN

健康寿命の延伸と不健康期間の短縮

　日本人の平均寿命が世界トップクラスであることはよく知られています。加えて近年では、「いかにして健康寿命を伸ばすか」が大きな社会テーマに掲げられています。現在、日本人の平均寿命は、女性が87.32歳、男性が81.25歳です（2018年）。一方で健康寿命は、2016年時点で女性が74.79歳、男性が72.14歳です。その差は、女性が12.53年、男性が9.11年。この差をいかに縮めるかがポイントというわけです。

　平均寿命と健康寿命では、算出方法が大きく異なります。平均寿命は0歳時（出生時）における平均余命を指し、この数値は毎年作成される「簡易生命表」と、5年に一度作成される「完全生命表」の2つを元に算出・公表されています。

　一方、健康寿命とは、「健康上の問題がない状態で日常生活が制限されることなく自立して生活できる期間」のことを指し、その算出は、3年に1回実施される「国民生活基礎調査」のアンケートの設問、「あなたの現在の健康状態はいかがですか」、「あなたは現在、健康上の問題で日常生活に何か影響がありますか」の回答がベースになっています。

　平均寿命が定量データに基づいて算出されるのに対して、健康寿命は主に主観データに基づいています。そのため、これら2つのデータを比較することに意味があるのか、という疑念も一部の識者からは起きています。

　最近では、健康寿命の延伸ではなく、むしろ「不健康期間の短縮」（Compression of Morbidity）こそが重要ではないかという意見も起きつつあります。「不健康期間の短縮」には、単なる健康寿命の延伸だけでなく、社会保障費用との兼ね合いも含めた延命措置の是非、終末医療をどこまで行うべきか、という議論も含まれています。

「体の変化」に対応するビジネスを考えるためのヒント

❶ 「体の変化」は、軽い老化（軽老）から要介護状態まで幅広い。変化のどの部分のどのレベルにフォーカスするかを明確にして解決策を考える

❷ その状態になることを防ぐ「予防型」、なった状態の負担を軽減する「軽減型」、周辺の環境を変える「環境対応型」など、一つの課題に対して多様なアプローチを考えてみる

❸ 一つの課題解決策が別の課題を引き起こす「リスク・トレードオフ」にならないように留意する

❹ 安全対策は、本人が「被害を受けることの軽減」だけでなく、本人が「加害者となることを防ぐ」視点も重要

❺ 古くから存在するものや既存の施設などの見方を変えることで、新しい課題解決の方策が生まれることもある

❻ 異なる分野の組み合わせが、思わぬ効果を発揮する場合がある

第3章

「介護」が変わる

多様化する「介護周辺ビジネス」

介護市場の課題と新しい可能性

基礎知識

「準市場」はイノベーションが起きにくい?

　2000年から介護保険制度が導入され、介護は公的社会保険制度への転換が図られました。要介護状態の高齢者に対して自治体が受けるべきサービスを決める「措置」から、要介護者本人や家族が望む形で介護サービスを受ける「契約」への転換です。多様な事業者による競争原理が働くことで、介護サービスを向上させる狙いもありました。

　それから約20年の時が過ぎ、当初の狙いも一定程度は実現しました。一方で近年は、増加する介護給付費の抑制に苦慮する状況も見受けられます。

　介護事業を取り巻く環境は、純粋な形の「市場」とは異なり、**部分的に市場原理が導入される「準市場」**です。介護サービスを提供する事業者は、介護報酬を事業収入のベースにビジネスを展開するため、多くの企業が**3年に1回実施される介護報酬改定に大きく影響**されます。改定により、それまで介護保険の対象だったサービスが対象外となれば、介護報酬がなくなり、ビジネスが立ち行かなくなるからです。

　一般的な「市場」は需要と供給のバランスで成立しますが、「準市場」である介護事業はマーケットの受給バランスに加え、介護報酬の算定基準という方針に左右されます。仮に、この市場でイノベーションを起こすような介護予防メソッドが発明されても、**介護保険サービスの対象とならない限り、市場に根付く可能性は低い**のです。

　また、介護サービス内容が**報酬加算の高い項目にシフトする「いいとこ取り現象」(クリームスキミング)が起こりやすい**という一面もあります。近年、国は「介護予防」に大きく舵を切っていますが、その結果、リハビリ型デイサービスばかりが増えて、従来型のデイサービスの経営が厳しくなる事態も起きつつあります。しかし、従来型デイサービスのニーズがなくなっているわけではな

いので、需要と供給にミスマッチが生じてしまいます。こうした状況を見ても、介護市場には、顧客ニーズを発掘する「マーケット・イン」の発想は生まれづらいといえます。

また、介護産業を海外でも通用する産業として育成するためには、介護報酬はむしろ邪魔になる可能性すらあります。海外では、日本のような介護保険制度がない国が多数を占めています。そこでは、やはり**純粋な市場でも競争力のある商品やサービスを鍛え上げなければ通用しない**でしょう。

利用者ニーズをどのように考えるか？

介護市場のビジネスを考える際に特に懸念されるのが、利用者ニーズが置き去りにされ、サービス内容が規定されてしまうことです。近年の介護をめぐる動きを一言で表すならば、「予防」と「介護度改善強化」です。

いかに介護度の進行を遅らせ、かつ改善できるか。そのための方策として強化されているのが、提供サービス内容をチェックする「地域ケア会議」であり、介護度が改善した自治体に報酬インセンティブを加えようとする動きです。それらに連動する形で、機能回復強化を目的とするリハビリ型デイサービスが増えています。

これによって多くの人の介護度が改善するのなら、望ましいことです。しかし一方で、高齢者に無理矢理運動を押しつけることは、介護保険法の「尊厳を保持し、その有する能力に応じ自立した日常生活を営むことができるよう保健医療、福祉サービスを提供する」という方針に反するのではないかという声が挙がっているのも事実です。

デイサービスのあり方も、**それぞれの人のそれまでの暮らし方や好みに合わせて、より多様な可能性が志向されてしかるべき**でしょう。既存の介護サービス内容にとらわれることなく、さらに**新しいタイプの介護のイノベーション**が起きることが期待されます。

介護の人手不足がもたらす影響

これからの介護市場を考える上でもう一つの重要なポイントが、介護に関わる人手不足です。介護人員が慢性的に不足していることは周知の事実ですが、

とりわけ訪問介護に関する人手不足感が高くなっています。2017年現在の介護職員数は170万人ですが、2025年には239〜249万人の職員が必要という予測もあります。将来的に、介護の担い手が圧倒的に不足することが懸念されています。介護職については、「夜勤などもあるきつい仕事」「給与水準が低い」といったイメージも強く、なかなか新たな介護の担い手が養成できていません。

　介護職員の不足により、ベッドに空きがあるにもかかわらず入居の受け入れをストップしている特別養護老人ホームも多数あるようです（厚生労働省調査）。

　そうした人手不足の代替策として期待されているのが、**外国人労働者やICT、ロボットの活用による作業の軽減・効率化**です。厚生労働省でも、平成30年度予算で介護ロボット開発の加速化に向け、プロジェクトコーディネーターの配置などを予算化しました。しかし、現状はまだまだ実用化レベルには至っていません。介護現場の実態を理解した上での開発が望まれています。

　ちなみにある介護施設では、インカムを導入したところ、スタッフ間のコミュニケーションが大幅に向上したという話も聞きます。すでに存在する技術を取り入れることでも、現場を大きく改善させる場合があります。こうした視点も重要なポイントでしょう。

今後ニーズが高まる「在宅介護」市場

重要性を増す「在宅介護」市場

　今後の介護市場で最も課題が多く、解決が望まれる領域は**在宅介護**でしょう。

　現在、要介護者数は600万人を超えていますが（要支援も含む）、2020年にはこの数が800万人、2040年には988万人になると推計されています（「将来の介護需給に対する高齢者ケアシステムに関する研究会報告書」2018年、経済産業省経済産業政策局産業構造課）。

　これほどまでに増加する要介護者を、特別養護老人ホームや有料老人ホームといった施設介護のみで対応するのは実質困難。今後は、**要介護者の多くを在宅で対応**していく必要があるでしょう。現在、進められている「地域包括ケアシステム」も、在宅介護を基本前提としています。医療・看護・介護をシームレスに提供するシステムを構築し、さらには地域共助の仕組みを加えて在宅介護を支えようという構想です。

　したがって、これからは**「在宅介護の質をいかに向上させるか」**がビジネスを考える際のテーマとなるでしょう。在宅介護の一部は介護保険サービスとして外部化され、専門家の手にゆだねられていますが、介護のすべてを任せられるわけではありません。ともに暮らす夫や妻、近居する子どもなど家族にかかる負担は大きく、それを改善するための商品・サービスのニーズが生まれるはずです。在宅介護において、家族や介護者に多大な負担をかけず、要介護者にとっても質の高い介護をいかに提供するか、そうした視点での商品・サービスの開発が望まれます。

在宅介護分野での商品開発事例

　求められるのは、要介護者の生活の質を上げ、かつ家族介護者の負担を軽減

させる商品やサービスの開発です。「生活」には食事や入浴、排泄、睡眠などさまざまなテーマがありますが、先行的に進んでいるのが食の分野。嚥下機能が低下した人のための商品開発は、複数の企業が進めています。

いわゆる「きざみ食」「やわらか食」などの飲み込みやすい食品を、チルドやレトルトで提供するパターンが主流ですが、食事は提供される形状も重要です。例えば、**イーエヌ大塚製薬**では、素材の形状を残しながらも、舌で崩せるレベルまで柔らかく加工する独自技術（酵素均等浸透法）を活用した、「おせち」「うな重」「お花見弁当」などの行事食を提供しています。活動範囲が制限される要介護者だからこそ、四季折々の行事食の提供は大切です。

タイガー魔法瓶は、粘り気が少なく飲み込みやすいご飯を、誰でも簡単に炊ける**炊飯ジャー「さらっとご飯クッカー」**を開発しています。現在は高齢者施設を中心とした展開ですが、将来的には家庭用炊飯器としても期待できます。

睡眠の分野でも、いくつかの企業が商品開発しています。**フランスベッド**は、**要介護者の褥瘡**（床ずれ）**を防止するための寝返り支援ベッド**を開発。スプリングマットレスの全周囲に強度を持たせたマットレス**「PRO・WALL」**（プロウォール）も、起き上がりの際にマットレスの端に両手をつき、重みでへこんでバランスを崩し転倒する高齢者が多いことから開発されたものです。

また、在宅介護で悩む人が多いのが排泄対応です。介護用おむつは、各社からさまざまなタイプが発売されており、処理作業は以前に比べて楽にはなりましたが、それでも臭いの問題が残っています。実際、在宅介護をしているお宅にうかがうと、違和感のある臭いがそこはかとなく漂っているケースは多いです。

このような臭いの悩みを解決する商品もいくつか生まれています。例えば、**エステーの「エールズ 消臭力」**はしみつき尿臭に効くクエン酸を配合した消臭剤、**花王の「アタック消臭ストロングジェル」**は独自の消臭成分で尿臭をもとからブロックするという商品です。

図表3-1 在宅介護の悩みに対応する商品事例

食	シニア向け炊飯器	タイガー魔法瓶	「さらっとご飯クッカー」（2018年8月発売）は、誰でも簡単に粘り気の少ない、飲み込みやすいご飯を炊くことができる。高齢者施設などを中心に販売を行う
	思いやり堂本便	堂本食品	業務用食品製造の堂本食品（広島市）が展開する小売り向け「やわらか食」。「里いもの鶏そぼろあんかけ」「たけのこの煮物」といった常備菜の和総菜（常温）を展開
	海商のやわらかシリーズ	海商	アワビの煮付け、さばの煮付け、魚の塩焼きなどを中心に食べやすい加工食を販売
	特別介護食	イーヌ大塚製薬	「おせち」「うな重」「お花見弁当」などの介護食を販売。独自技術の「酵素均等浸透法」を活用し、素材の形状をしっかりと残しながら、舌で崩せるレベルまで柔らかく加工する
	吉野家のやさしいごはん	吉野家	冷凍介護食品「吉野家のやさしいごはん」シリーズを2017年2月から販売。柔らかタイプと刻みタイプの「牛丼の具」「豚丼の具」「うなぎ」を販売
睡眠	マットレスPRO・WALL（プロウォール）	フランスベッド	マットの端のフレーム部分に強度を持たせたマットレス。起き上がる際に端に両手をつくと、重みでへこみバランスを崩して転倒する高齢者が多いことから開発されたもの
	自動寝返り支援ベッド		一般的な介護ベッドの機能に加え、電動操作で床板が左右に傾いて体位変換を行えるため、床ずれを防止できる。昼夜問わず体位変換をサポートする介護者の身体的・精神的負担を軽減する
臭い	エールズ 消臭力	エステー	しみつき尿臭に効くクエン酸配合処方で、介護空間をさわやかにする消臭剤。介護空間に漂うさまざまな臭いが混ざり合った複合臭に適している
	消臭ストロング	花王	花王独自の消臭成分で尿臭をもとからブロックする商品シリーズ。洗剤（アタック消臭ストロングジェル）、消臭剤（リセッシュ除菌消臭ストロング）、トイレ用そうじシート（トイレイクックル消臭ストロング）などシリーズ展開している

皆が笑顔になれる
クッキング・デイサービス

株式会社ユニマット　リタイアメント・コミュニティ「なないろクッキングスタジオ」

どんなビジネス？　「料理」をテーマにしたデイサービス施設。皆で一緒に料理を作り、食事を楽しむことで、介護生活の質の向上を目指している。

調理と食事を楽しみながら介護予防

　赤を基調とするカラフルなオーニングテント、窓には大きなナイフやフォークのオブジェ——その外観は一見、クッキングスタジオのようですが、東京都目黒区にある**「なないろクッキングスタジオ」**はデイサービス（通所介護）施設です。利用者の多くは、70代後半～80代の要介護認定者です。

　約3時間のクッキング・デイ・プログラムは、座学の「なないろアカデミー」からスタートします。管理栄養士スタッフがレシピや栄養成分について説明したのちに調理の時間へ。スタッフの誘導のもと、利用者それぞれの「できること」に基づいて、食材をきざんだり、混ぜたりといった作業内容が割り当

「なないろクッキングスタジオ」の外観

クッキングスクールでの
調理風景

盛り付け作業も、会話をし
ながら楽しく

てられます。調理の作業は、利用者の機能回復訓練も兼ねており、最終的には自宅で料理ができるようになることが目標です。食器の準備やテーブルセッティングも、利用者によって進められます。

お待ちかねの食事時間は、テーブルごとになごやかに進行。あっという間に食べ終わる人もいれば、おしゃべりに夢中でなかなか手が付かない人などさまざまですが、いずれも食事内容に満足している様子が見てとれます。

発想のきっかけ

クッキング・デイサービスを発想したのは、株式会社ユニマット　リタイアメント・コミュニティ事業統括本部部長の神永美佐子さん。ビジネスモデルの発想にあたり、経営トップから彼女に与えられたテーマは、**「おしゃれであること」「富裕層向け」「都心型サービス」「脱介護保険」**の4つでした。

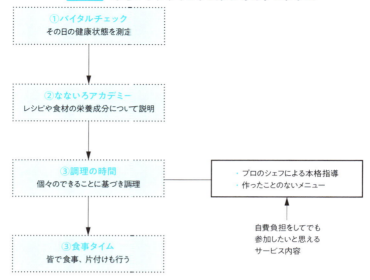

図表3-2 なないろクッキングスタジオのプログラム

　彼女が新サービスを検討する際に念頭に置いたのは、「ケアマネジャーや子どもが選択するサービス」ではなく**「利用者本人が積極的に選びたいと思うサービス」**であること。「今後　介護サービスを利用する団塊世代は、よりアクティブで生活に余裕があり、選択眼のある人も多いです。そんな彼らに選ばれるためには、より明るく洗練されたものでなくてはならないとトップは考えていましたが、私も全く同感でした」(神永さん)。そこで、従来の介護サービスとは異なる、新しい事業スタイルをいくつか検討し、その企画の一つがクッキングスタジオでした。

どこが新しい？

　「料理」をテーマにするだけでなく、本格的なプロの指導によるクッキングスクールという発想が極めてユニークです。

　利用者には、主婦として何十年も料理をしてきた経験を持つ人も多く、中途半端な教え方では満足してもらえません。一方で、「ちゃんとした料理を習ったことがない」**「新しいメニューにチャレンジしたい」という希望を持つ高齢者も実は多い**といいます。そうした分析から、神永さんは「料理をやるなら、プロのシェフがしっかり教える本格的なクッキングスクールにしたい」と考え

ました。

ブレイクスルーのポイント

　世の中には多くのデイサービスがありますが、機能訓練を兼ねて歌や遊戯を楽しんだり、くつろいだり、食事や入浴の提供をするところが中心です。どちらかというと、介護家族の一時休息を目的とする側面があります。また、公的介護保険の範囲内となるため、おのずと提供可能なサービス内容は限られます。

　これに対して「なないろクッキングスタジオ」は、**介護保険サービスでありながら、内容的にはやや富裕層を意識**しています。クッキングの材料費等は利用者の自費負担。それを負担してでも行きたいと思えるサービス内容になっているのです。こうした点が、今までにないデイサービスの可能性を示しており、差別化戦略ともなっています。

ビジネスのヒント

　「なないろクッキングスタジオ」には、利用者が自分のやりたいことや学びたいことを目標に自然に頑張れる仕組みがあり、デイサービスのリハビリ志向の動きとも合致しています。介護状態となっても、日常生活をストレスなく快適に過ごしたいと願う気持ちは誰しも同じ。さまざまな分野で**ニーズが多様化する中、介護のあり方だけは一律というのは、いささか時代とミスマッチ**しています。それだけではない多様な介護サービスのあり方が検討されていくべきでしょう。

- 戦後生まれの高齢者が増える中で、介護サービスにも多様なあり方の可能性が求められている
- 要介護者本人のニーズに合わせた新しい介護サービスを考えることが重要

●なないろクッキングスタジオ：http://www.unimat-rc.co.jp/nanairo/

COLUMN

多様な介護サービスの可能性

　「なないろクッキングスタジオ」以外にも、近年さまざまなデイサービスが生まれています。
　例えば、「デイサービス ラスベガス」（本社：東京都港区）は、その名の通りレクリエーションにゲーミング（ポーカー、麻雀など）の要素を取り入れたデイサービスです。東京近郊を中心に現在23店舗展開しています（2019年8月）。
　このタイプの施設には、一定の批判があるのも事実ですが、本人自身の参加意欲は通常のデイサービスよりも高くなります。通常のデイサービスの施設利用者は女性比率が高く、提供されるサービスも専ら女性好みの内容に偏りがちです。そのため、デイを利用する男性の中には、「サービスに参加したくない」と拒否反応を起こす人もいます。しかし、男性には競争原理を取り入れたゲーミングに興味を示す人も多く、「男性のためのデイ」という視点から考えると、これもありではないでしょうか。
　兵庫で展開するデイサービス「あみず」では、「動物セラピー」を取り入れています。ここでは同施設が展開するデイサービス、障害者生活介護、放課後デイなどの各施設に動物セラピーを導入しています。常時ではなくとも、外部のNPOと連携し定期的に動物セラピーを実施する施設も増えて来ているようです。
　ますます高齢化が進む中で、私たちは介護サービス領域の新しい可能性と試みを追求していくべきでしょう。

デイサービス施設に ロボットがいる風景

株式会社富士ソフト「パルロ（PALRO）」

> **どんなビジネス？** 高齢者とのコミュニケーションを目的に開発されたロボット。現在、約900カ所の介護施設で導入される、介護コミュニケーション・ロボットのリーダー的存在。

デイサービスで大活躍のコミュニケーション・ロボット

「パルロ、肩の体操をやって」

「はい、肩の体操ですね。一緒に頑張りましょう。この体操をすると、肩が楽になりますよ。体操の前に、まずは深呼吸です」

横浜市の本郷台駅からほど近い場所にあるデイサービスの午前中の風景。スタジオに集った高齢の方々が、コミュニケーション・ロボット**「パルロ（PALRO）」**の指示に従い、一斉に体を動かし始めます。

機能訓練特化型デイサービス施設**「アルフィット（ARFIT）」**（横浜市栄区）では、2016年の開業当初から**富士ソフト株式会社**が開発したパルロを積極的に導入。ロボットインストラクターとして活用しています。

要支援・要介護認定を受けた利用者がスタジオを訪れた際に、最初に入口でお迎えするのがパルロです。搭載された顔認識機能で、「お友達」になった利用者には名前で呼び、親しみを込めて挨拶します。

約3時間の機能回復訓練（リハビリプログラム）の最初のパートを担うのもパルロの役目。「肩ならし体操、腰の体操」など、8種類の体操を週や月のプログラムで使い分け、体操を行います。その後、筋トレ等の他の運動や休憩を挟んで、口腔機能の改善を図る「お口の体操」を行う際にパルロが再登場。最後に利用者をお見送りして、お勤めが終了します。プログラムの要所要所をパルロが締める構成です。

デイサービス施設「アルフィット（ARFIT）」に導入されているパルロ

運動を指導するパルロ

　アルフィットを運営する株式会社インシーク代表取締役・竹内洋司さんによると、「マスコット・キャラクターとしてのパルロ効果は絶大です。利用者の方々も最初はおっかなびっくりでしたが、色々と試行錯誤を重ねた結果、今では違和感なくプログラムに溶け込んでくれています」。機能特化型デイサービスという、比較的要介護度の低い利用者が集う施設ゆえに活躍の場面は限られますが、パルロは利用者に対して存在感を発揮している印象を受けました。

発想のきっかけ

　パルロを開発した富士ソフトは、1990年からロボット相撲大会を主催していた経緯もあり、数多くの大学のロボット工学系教授とのネットワークを築いていました。以前お世話になった教授から、「プログラムベースで動く汎用性の高いロボットを開発してほしい」との要望が数多く寄せられたことから開発を決断。2010年3月に、大学向けの研究用ロボット「アカデミック」シリー

ズを発売しました。190の大学・研究機関で利用されることで、多くの知見データを得ることができました。

その後、具体的な事業展開の可能性を検証する過程で、老人ホームに貸与したパルロが好評であったことから、"高齢者のQOLを上げる"ことと"介助者の負担を軽減する"ことを目的とする、高齢者介護施設向けのロボットを開発。2012年6月にパルロ発売に至りました。

どこが新しい？

開発にあたっては、**介護施設向けのコミュニケーション・ロボットにするためのリチューニング**（調整）が行われました。利用者の話し相手になるためには、会話のスピードやタイミング、間の取り方などにちょっとした工夫が必要です。また、認知症の人とどのように会話をするか、返事が聞き取りづらくなった人にどう答えるか、そうした細かな調整を経て、初めて利用に耐え得るコミュニケーション・ロボットとしての機能が備えられました。富士ソフト パルロ事業部フィールドセールス室の髙羽俊行さんによると、この過程が最も大変だったそうです。

「横浜市の地域ケアプラザに協力をいただき、介護施設向けのリチューニン

図表3-3 パルロの主な機能

お話しする	顔を見ている時に、パルロから自発的に話しかける
顔を覚える	顔認識機能で、人の顔と名前を覚える
動作を覚える	新しい動作を覚えさせることができる
体操をする	バンザイ体操、お口の体操など、全部で8種類の体操をする
クイズをする	プロ野球クイズ、県名クイズなど、全部で4種類のクイズをする
ゲームをする	言い当てゲームや、旗上げ、占いなどのゲームをする
ダンスをする	30弱の曲を、歌いながら踊ったり、音楽に合わせて踊ることができる
便利機能	写真を撮る、ニュースや天気を伝える、音楽をかけるなど

グを行いました。例えば、パルロがお名前をうかがう際に、返答が聞き取りづらくて何度も聞き返したりすると、高齢者の方は『自分の話し方がダメなのね……』と自信を失われてしまいます。そうした場合に、パルロ自身が『ごめんなさい、僕の聞く力が足りないみたい』と返すことで、その後の会話をスムーズにつなげるように調整していきました」（高羽さん）

こうした現場とテクノロジーのギャップを一つずつ埋める努力の積み重ねが、製品の実用性を高めることにつながっているといえるでしょう。

ブレイクスルーのポイント

高齢者向けのコミュニケーション・ロボットが備えるべき機能とは何でしょうか。それは、入居者・利用者としての**高齢者のニーズを満たすと同時に、ロボットを購入する施設サイドのニーズを満たす**ものでなくてはなりません。

現在、パルロに備えられている主な機能は、レクリエーションの司会進行機能、体操教室のインストラクター機能、話し相手機能など。エンターテイメント的要素を備えつつ、QOL、運動機能、認知機能の向上につながるレクリエーションとはどうあるべきか、それがコミュニケーション・ロボットであるパルロが、施設において果たすべき大きなテーマです。当初の「物珍しさ」から次の段階に入った時に、コミュニケーション・ロボットの真価が問われることになるでしょう。

ビジネスのヒント

今後、介護人材の大幅な不足が予測される中で、何らかの方策を見出すことは喫緊の課題です。経済産業省も「将来の介護需要に即した介護サービス提供に関する研究会」報告書で、団塊世代が85歳以上となる2035年には、介護人材不足が68万人に上ると予測しています。

人手不足を解消する手段の一つとしても大いに期待される介護ロボットですが、**現状は開発サイド**（技術者）**と利用サイド**（施設運営者・利用者）**の間にまだギャップが存在**しています。声高らかに開発が叫ばれても、施設内で利用がいまひとつ進まないのは、価格面もさることながら、利用サイドに立った介護機器・ロボットの作り込みや摺り合わせが足りないからでしょう。日本が世界に先駆けて高齢社会の課題解決を図る上でも、AI、ロボットの果たす役割は大きいはずです。この分野において**機器開発に取り組むことの将来的な可能性は非常**

に高いといえます。

○ 介護の人手不足を補う機器開発、サービス開発には大きな可能性がある
○ 開発サイドと利用サイドの綿密な摺り合わせが重要
○ コミュニケーションのみならず多面的な課題解決（移乗介助、移動支援、排泄支援、入浴支援など）を図る機器の開発が求められる

●パルロ：https://palro.jp

COLUMN

介護ロボットにはどんな種類がある？

介護ロボットは、さまざまな企業で開発されていますが、以下のタイプに大別できます（日本医療研究開発機構（AMED）介護ロボットポータルサイトを参考に一部加筆）。

①移乗介助：ロボット技術を用いた介助者のパワー・アシスト
②移動支援：屋内外における歩行支援
③排泄支援：排泄物の処理にロボット技術を活用
④認知症見守り：センサー、外部通信機能を活用した見守り、転倒検知
⑤入浴支援：ロボットを活用した入浴支援
⑥コミュニケーション支援：ロボットによる要介護者とのコミュニケーション支援

介護に関する労働の多くには、肉体的な作業がともないます。ベッドから車椅子への移乗、食堂への移動、入浴中の浴槽への出入りなど、要介護度の高い人には、それらの作業すべてに介助者の補助が必要です。介護職員が介助作業を通じて腰などを痛め、介護の現場から離れざるを得なくなるケースも多いといわれています。移乗介助、移

動支援、排泄支援、入浴支援などにおける介助者の作業負担の軽減を目的に、今後さまざまな介護ロボットが開発されていくでしょう。

「介護ロボット」と聞くと、人間型などそれ自体が単独で働くものをイメージしがちですが、「作業をアシストする機器」という理解のほうが正しいでしょう。具体的には、各種機器を装着することで移乗介助の際に腰などにかかる重量負担を軽くする「ロボットスーツ」や「マッスルスーツ」などです。ベッドから車椅子への移乗をスムーズにする「離床アシストベッド」や、居室で使用しても臭いが広がらない「移動式水洗便器」なども含まれます。

一方で、パルロのように要介護者に対するコミュニケーション支援を期待されるタイプのロボットもあります。人間型、動物型、赤ちゃん型などさまざまなタイプがありますが、いずれもロボットとのコミュニケーションを通じて要介護者の生活の質を向上させようとするものです。さまざまなタイプの介護ロボットの開発が期待されますが、とりわけ今後重要性が増していくのは、介助者の作業負担を軽減する分野と考えられます。

介護の質を向上させる パワード・スーツ

株式会社イノフィス「マッスルスーツ」

どんなビジネス? 肉体的負担を軽減するためのパワード・スーツ。装着した人工筋肉によって、少ない労力で重い物を持ち上げたり、抱えたりすることができる。介護現場を中心に約3500台のスーツが活躍している。

介護労働を軽減するパワード・スーツ

　介護業界は、人間の労働力による業務の割合が大きい、「労働集約型産業」といわれています。確かに、介護を必要とする人のケアが業務の中心ですから、人的対応は極めて大切です。近年、介護職の不足が問題化していますが、人手不足の原因は給与面に加え、過重な肉体労働負荷も挙げられるでしょう。介護スタッフの多くが腰痛に悩まされている、という話はよく聞きます。こうした原因を取り除くためにも、介護スタッフの作業負荷を軽減する装置の開発が求められています。

　株式会社イノフィスの「**マッスルスーツ**」は、介護現場での肉体的負担を軽減するためのパワード・スーツです。装着者の体の動きを補助し、重い物を持ち上げたり、中腰姿勢を保ったりする際に、腰部にかかる負担を軽減します。

　マッスルスーツの秘密は、背負った装置（背中のフレーム）の内部にあります。ここに人工筋肉が内蔵されており、圧縮空気を送り込むことで内蔵筋肉に強い収縮力が生まれます。この力を利用することで、荷物の持ち上げや要介護者の移乗の介助が楽に行えるのです。

発想のきっかけ

　マッスルスーツの発案者は、東京理科大学工学部機械工学科の小林宏教授。2000年頃から、「人を補助するための装置」というテーマで研究をスタート

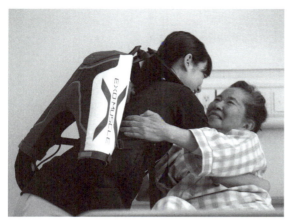 

マッスルスーツを使い要介護者を補助（イノフィス提供）　　マッスルスーツの内部構造（イノフィス提供）

しました。開発のベースとなったのは、1961年に米国で開発されたマッキベン（McKibben）型人工筋肉。ゴムチューブの周りをナイロン繊維で覆った形状で、これに圧縮空気を送り込んで収縮させるものです。この技術を活用した動作補助装置の開発を目指しました。

　当初は、障害や麻痺のある人の腕の動きを補助する装置を目指していましたが、検証を重ねる中で、工場や介護現場で作業を行う人の多くが腰痛に悩んでいることを知り、**「腰を補助する装置」に目標を再設定**。2014年に、最初の市販モデルが開発されました。しかし、初期モデルは装置のサイズも大きく、本体重量は8.1kg。圧縮空気の供給もエアコンプレッサーでコードをつなぐ必要があり、「作業性にやや難あり」との声も挙がったそうです。

　その後、**介護現場の声を聞きつつ、毎年改良モデルを発表**。空気の注入方法も電力不要の手動ポンプにしました。本体重量も徐々に軽量化して、5代目のモデルとなる「マッスルスーツEdge」は4.3kg。装置の厚みも薄くなって使いやすさが向上し、利用環境に応じて3種類が用意されています。

　販売台数は累計で3500台。7割が介護施設（特別養護老人ホーム、老人保健施設など）での利用。こうした、毎年にわたる商品改良のプロセスと努力が、新しい商品開発の場合は重要であるといえるでしょう。

どこが新しい？

　それまで世の中になかった新しい商品というのは、実際に使ってみないと利

便性やメリットがなかなか伝わりません。実際、このマッスルスーツも、**介護現場のスタッフにいかにして体験してもらうかが大きなテーマ**となりました。

現在、マッスルスーツを利用している社会福祉法人友愛十字会（東京都世田谷区）が運営する特別養護老人ホーム「砧ホーム」施設長の鈴木健太さんと副主任介護職員の板垣紘子さんに導入時の話をうかがいました。

砧ホームがマッスルスーツを導入したのは約3年前。東京都の「ロボット介護機器・福祉用具活用支援モデル事業」（平成28年度）のモデル施設に選ばれたことで取り組みが始まりました。しかし、導入が決まっても、現場のスタッフが利便性を感じなければ活用は進みません。板垣さんも、最初はどう使えばいいのか、具体的なイメージがわかなかったそうです。

まずは使用者が慣れることが大切ということで、使う場面や対象者を限定して使ってみました。トイレ介助とおむつ交換の作業に限り、スーツを使った介助を受ける入居者のご家族にも許諾を得た上でスタート。

「やはり、こういった装置は**最初から拒否するのではなく、まずは皆で試してみることが大切**です。勉強会などを通じて使ってみることで、施設の中でも「使うこと」に対する慣れが徐々に生まれていきました」（板垣さん）

初年度が終了し、平成29年度からは、特に使用場面や担当者を決めず、使いたい人が使いたい時に利用するフリーな運用になっています。よく使われているのは、入浴介助や排泄介助で、シーツ交換や床清掃といった間接業務にも用いられます。また、スタッフの数が少なくなる夜勤での使用比率も高いそうです。

マッスルスーツを日常的に利用しているのは、全スタッフの半分程度。当然ながら、使用してみて、利便性を十分に感じる人もいれば、装着や脱着を煩わしく感じる人もいます。頻繁に利用する介護スタッフの一人、捧さんは「もともと腰痛持ちだったのですが、マッスルスーツを使うことで腰の負担は相当楽になりました」と語ります。徐々にですが、マッスルスーツの活用は定着しつつあるようです。

ブレイクスルーのポイント

介助者の負担を軽減する機器の開発はさまざまな企業が試みていますが、道半ばで頓挫し、開発がストップしてしまうケースも少なくありません。マッスルスーツが一定の成果を挙げられている理由は、やはり**絶えず商品改良を重ねたプロセス**にあるでしょう。

イノフィス企画部広報担当・森山千尋さんが「絶えず商品改良を進め、使い勝手の良さを向上させてきました」と言うように、マッスルスーツは開発開始から毎年改良を重ねています（5年間で5代目）。これは相当スピーディな改良ペースといえるでしょう。

「将来的には、よりリーズナブルな価格とし、在宅介護でもご利用いただけるようにしていきたいと考えています。一家に1台。お家の納屋に入っているくらいにしていきたいですね」（森山さん）

今後、高齢化・人口減少が進行する中で、若い人や元気な人のみが肉体労働を担うことが、早晩無理になるのは確実です。マッスルスーツは、そのような時代にさらに真価を発揮することになるでしょう。

ビジネスのヒント

現場の課題困難ニーズを拾い上げ、それを解決する商品を作ってみる。それを再び現場に持ち込んで、使用勝手を確認し、再度改良につなげていく——どのような課題解決タイプの商品にも、こうした**一連のフィードバックスタイルは重要になってくる**でしょう。

今は介護施設での利用が中心のマッスルスーツですが、要介護人口がより増加した将来は、**在宅介護での需要**も生まれるでしょう。現在、訪問介護での中心テーマは、地域包括ケアに基づく多職種連携ですが、いずれ在宅ケアの質的向上も机上に上ります。その際は、こうしたパワード・スーツのみならず、さまざまな在宅介護の質の向上を図る商品・サービス、特に作業負荷の高い排泄、入浴に関わる援助機器の需要は高まるはずです。

○ 介護現場での職員の負担を減らす工夫にビジネスの可能性が生じる
○ 現場での使用実感を積極的に取り入れて改良を続け、商品の魅力を向上
○ 介護現場のみならず、さまざまな肉体労働分野での可能性を広げる

●株式会社イノフィス：https://innophys.jp/

COLUMN

認知症フレンドリーな介護施設

　現在、認知症への社会対応は、「認知症サポーター養成講座」「地域での認知症見守り」といった人的な見守りや支援が中心です。認知症サポーター数は、現在1100万人を超えていますが（2019年6月30日、認知症サポーターキャラバンHPより）、サポーター数やネットワークの輪を広げることで、認知症行方不明者の早期発見につなげようとするものが主です。これは認知症の方々の危機行動に対応を図ろうとするものです。

　危機行動への備えは極めて重要ですが、一方で「認知症の人々の行動が常に危険状態にあるわけではない」という点も忘れてはいけません。彼らが日常生活を送る上で、ちょっとした不安や混乱を感じた際に、その不安な気持ちを増幅させないための工夫やアイデアも求められます。いわゆる、「認知症フレンドリー社会の構築」です。

　例えば英国には、認知症の方々が安心して買い物できる「認知症フレンドリーなスーパーマーケット」がすでに存在しています。スーパー「セインズベリー」ゴスフォート店では、毎週火曜日の13～15時を「スローショッピング」として、認知症の人が快適に買い物できる配慮をしています。買い物にアテンダントが寄り添う、疲れた時にちょっと休憩できるスペースが設けられている、といった試みです。

　また、東急不動産のシニア向け住宅「グランクレール中町」（世田谷区用賀）のケアレジデンスも、認知症の人が住みやすい環境を建物の設計やデザインで実現しています。多職種のチーム（医療の専門家、建築家、デザイナーなど）により認知症の人々が落ち着いて暮らすためのノウハウや知見を25年以上にわたって蓄積する、英国スターリング大学認知症サービス開発センター（DSDC）と提携。ちょっとした要因で認知症の方々に心の不安定さをもたらさないように、環境面からの対応を図っています。

　DSDCによると、施設デザインを行う上で、①感覚を高めること、②適切な大きさであること、③道標やナビゲーションがあること、④アクセスできる外の空間があること、⑤プライバシーと社交性の両方が担保できること、⑥見通しや透過性があること、⑦隣り合う部屋や

空間への工夫、がポイントになるといいます。
　このようなポイントに基づき、例えば「トイレは黄色扉」「浴室の手すりは赤」といった色彩で場所の機能が理解できるような設計を取り入れています。また、施設内の床には反射する素材を使わず、同系色で統一して「穴に落ちるのでは……」といった不安を低減する工夫もなされています。施設内の誘導サインは、文字とビジュアルサインを併用し、矢印で目的地や帰路の方向を示すことで、徘徊や不安感の軽減を図っています。

行方不明となった認知症高齢者を発見するQRコード

東邦ホールディングス株式会社「どこシル伝言板」

> **どんなビジネス？** 認知症による徘徊で行方不明となった高齢者が発見された際に、必要な情報を簡単に知ることができるQRコード伝言板システム。2019年現在で、70以上の自治体に採用されている。

1.5万人の認知症行方不明者を発見するには？

　認知症の症状の一つである「徘徊」による行方不明者の数は1万5863名（2017年）に上り、統計を開始した2012年以降、毎年増え続けています。現在、約500万人といわれる認知症者は、**2030年には800万人に達するという予測**（『平成29年 厚生労働白書』厚生労働省）もあり、徘徊による行方不明者のさらなる増加も不可避と考えられます。

　そうした状況の中で注目されているのが、**東邦ホールディングス株式会社**のQRコードを使った認知症高齢者保護情報共有システム**「どこシル伝言板」**です。

どこシル伝言板の表示画面
（東邦ホールディングス提供）

どこシル伝言板の仕組みは極めて簡単です。QRコードが記載されたアイロンシールを保護対象者の衣服や帽子、杖などの持ち物に貼るだけ。行方不明となった保護対象者を発見した人（発見保護者）がシールのQRコードをスマホなどで読み取ると、当面の適切な対処方法を知ることができ、スマホの伝言板を通じて連絡先（保護対象者の家族や入居施設など）とコミュニケーションをとることができます。

　2019年10月現在、このシステムは1都22県75市町の自治体で採用され、シール発行者数（保護対象者の数）はのべ4700人に上っています（2019年度開始を含む）。

どこシル伝言板のQRコード

発想のきっかけ

　システムを開発したのは、同社地域医療連携室次長の日髙立郎さん。以前勤務していた親会社で、高齢者向け不動産賃貸事業拡大のために、高齢者の安否確認センサー機器の開発を担当したことが契機となりました。認知症高齢者のニュースを見聞きする中で、**徘徊にともなう行方不明者発見の領域にニーズ**があるのではないかと発想したのが、どこシル伝言板の仕組みです。

　当時、自治体が採用していた認知症の人を見守るシールの多くは、連絡先の電話番号などが記載されたものが中心でした。しかし、これでは不特定の相手に個人情報が漏れてしまいます。とはいえ、連絡先を役所の窓口にすれば、休日に連絡が取れないなどの問題が生じます。そこで思いついたのが、**インターネットを介在させた伝言板**の仕組み。行政でも、広報などでQRコードが使われ始めた時期だったので、これを活用すれば問題解決が図れるのではないかとひらめきました。

　日髙さんがシステムに関する要件定義と仕様設計を行い、約1年の期間をかけてシステムは完成しました。

どこが新しい？

　どこシル伝言板の仕組みを導入する事業主体は、市町村などの自治体です。自治体は、それぞれの必要数に応じて運営会社の東邦ホールディングスからQRコードシールを購入します。QRコードに紐付ける情報はパソコンなどから別途入力。インプットするのは保護対象者のニックネーム、生年月、性別、身体的特徴、既往症、保護時に注意すべきことなど保護発見時の対処に必要な情報のみで、それ以上の個人情報は含まれません。

　行方不明になった保護対象者が保護されたら、発見者はこのQRコードをスマホで読み取ることで、必要情報が記載されたサイトに誘導されます。

　ひと口に認知症高齢者といっても、抱える症状やコンディションはさまざまなので、発見時に配慮すべき項目なども記載。これは対象者本人のリスクやストレスを減らすための情報でもあります。

　発見者がQRコードを読み込んだ時点で、自動的に介護者へ「QRコード読み取り通知メール」が届きます。また、発見者は開設された「伝言板」の上で発見情報を入力送信するので、お互いにメールアドレスを交換せずにコミュニケーションを取ることが可能。**簡易ながらも必要十分な情報のやりとりができ**

図表3-4　どこシル伝言板の仕組み

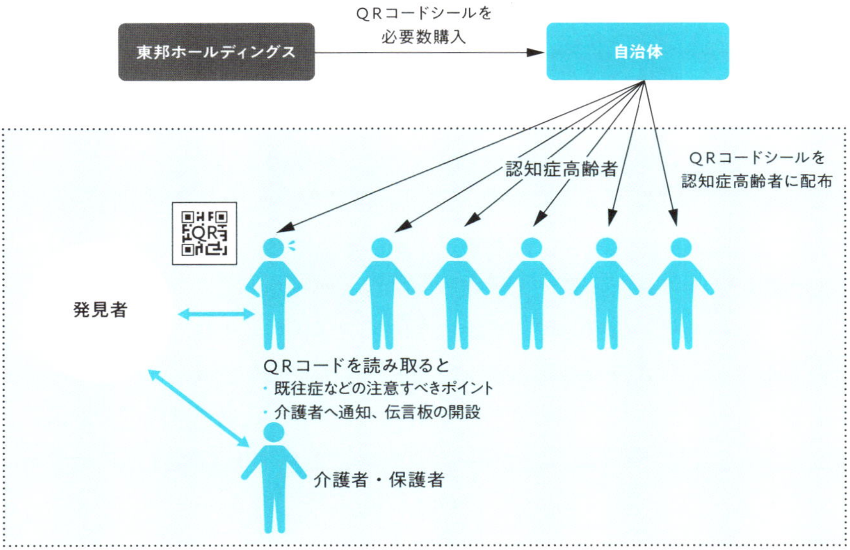

る、**ユーザー視点に立ったシステム**です。

ブレイクスルーのポイント

どこシル伝言板の優れた**ポイント**は、極めて**シンプルな設計、かつ安価**であるところです。初期導入費が3万5000円、QRコードシール発行1人あたり3000〜4000円。仮に40人に発行したとして、総額20万円程度でスタートできます。GPSセンサーなどを使うよりも、低コストで導入可能です。

シンプルで安価であることは、広く多数の高齢者に利用される上で欠かせない要件です。どこシル伝言板は、社会インフラの一部として生活弱者の助けとなる可能性を秘めているともいえるでしょう。

広域連携という視点からも、安価であることは重要です。認知症対策は、個別自治体の対応が基本ですが、**認知症不明者は必ずしもその自治体内に留まるとは限らないため、広域対応が重要**となります。隣接地域で同一対策がなされることが望ましいわけで、その点でも、安価などこシル伝言板は理にかなっています。

日本の基礎自治体は総数で約1700あり、拡大の余地はまだまだあるといえるでしょう。また、認知症高齢者に留まらず、災害時の備えとしても有効です。「災害弱者となる高齢者や障害者の方々の支援システムとしても広げていきたい」と日髙さんは語ります。

ビジネスのヒント

どこシル伝言板が75市町まで広がることができた要因は、**コストの低さ**、そして**管理者・利用者双方にとって簡単で使い勝手の良いシステム**であった点にあります。それを実現できたのは、開発者の日髙さんが介護業界の出身であったことも大きいでしょう。現場をよく知っていたため、利用関係者の必要最低限のニーズをきちんと満たす仕様設計になっていたのです。

システムを開発する際、技術者は往々にして「あれも入れたい、これも入れたほうがいい」と欲張ってしまい、逆に使い勝手が悪く、高コストのものができあがることが少なくありません。どこシル伝言板は、**現場発想での商品開発**により"地に足のついた商品"を作った好例といえるでしょう。

○ 社会インフラとなる課題解決システムは、シンプルで安価で、誰でも使いやすいものでなければならない
○ 現場発想で必要十分な商品を開発する

●どこシル伝言板：https://www.mirai-town.com/product/map/

COLUMN

自動販売機が認知症高齢者を救う？

　認知症行方不明者数は、行方不明者全体の約2割を占めています。筆者も早朝の散歩時に、認知症とおぼしき高齢者に数回遭遇したことがあります。すぐに警察に通報して事なきを得ましたが、数回遭遇したということは、こうした光景はすでに日常化しているということでしょう。

　2015年に厚生労働省が策定した「新オレンジプラン（認知症施策推進総合戦略）」でも、認知症対策は喫緊の課題とされ、認知症サポーターの養成や地域ぐるみの見守り活動の強化などが掲げられています。地域のコンビニ、生協、新聞販売店などとの見守り協定を結ぶ自治体も増えてきましたが、人的対応にはおのずと限界が生じます。地域の見守り活動の内容にも濃淡があり、盤石とは言い難い状況です。

　そのため、人力による見守りではなく、ICTや各種テクノロジーを活用して、徘徊や行方不明を防止・早期発見しようとする試みも行われています。GPSセンサーやビーコン端末の活用、顔認証による徘徊防止などさまざまです。

　そんな中、筆者が最近目にしたもう一つの興味深い試みが、自動販売機を活用した高齢者見守りです。国立研究開発法人情報通信研究機構（NICT）とアサヒ飲料株式会社による取り組みで、プレスリリースによると、NICTが開発したWi-SUN対応のIoT無線ルータを、アサヒ飲料が墨田区内に保有する100台の自動販売機内に設置し、「見守り」「交通安全」「観光案内」などさまざまな地域貢献型のIoTサービ

スの実証実験を2017年から行っています。

　日本は、世界に冠たる自動販売機大国。国内の自動販売機の普及台数は約500万台、年間売上は約5兆円です（日本自動販売機工業会のデータより）。500万台という数は、小売業事業所数（2014年）の78万（商業統計）を大きく上回り、コンビニエンスストア総数5万店の100倍にあたります。日本の人口の25人に1台の割合で設置され、全国津々浦々まで広がるネットワークを、商品販売以外に活用しない手はありません。

　また、次世代の標準無線規格であるWi-SUNは、省電力で長距離通信が可能であり、信頼性も高いものです。Wi-SUN仕様のルータを自動販売機内に設置し、認知症による徘徊が心配される高齢者に超小型無線機を何らかの形で持たせることができれば、高齢者の見守りネットワークが日本全国で実現可能になります。

　これまで自動販売機は、ややもすれば「電力の無駄遣い」などと非難されることもありました。しかし、全国で圧倒的な台数を誇る自動販売機を見守り機器に変身させることができれば、その課題解決の価値は計り知れないものになるでしょう。

COLUMN

複雑すぎない？　高齢者施設の名称

　「養護老人ホーム」「軽費老人ホーム」「特別養護老人ホーム」「老人保健施設」「介護療養型医療施設」「グループホーム」「サービス付き高齢者向け住宅」……これら施設名称の違いがわかる人は、どれくらいいるでしょう。福祉・介護業界以外なら、例えば、要介護の親の入居施設を探すために調べているといったケースでもない限り、それぞれの特徴を理解している人はほぼいないのではないでしょうか。

　名称には、それぞれの施設が登場した時代が反映されており、その設立の背景も、根拠法も異なります。例えば、特別養護老人ホーム、養護老人ホーム、軽費老人ホームは「老人福祉法」、老人保健施設、グループホームは「介護保険法」、介護療養型医療施設は「医療法」

で、サービス付き高齢者向け住宅は「高齢者の居住の安定確保に関する法律」に基づいています。

一見、高齢者向けの介護関連施設として同じジャンルに属するように見えながら、それぞれの施設を支える法律はバラバラであり、結果として高齢者施設の全体像がわかりづらいものとなっています。ここにも利用者視点、ユーザー視点の欠落を垣間見ることができます。今後は、利用者にとっての理解しやすさを、より重視した名称に変更していくべきでしょう。

図表3-5 主な高齢者施設の種類

	名称	特徴	要介護度
介護型（支援や介護が必要な人向け、65歳以上）	特別養護老人ホーム（特養）	介護保険で入居できる施設。低コストのため人気が高く、待機者が多数いるところも。看取り対応まで行うところが増えている	要介護3以上
	老人保健施設（老健）	入院治療を終えて退院後、在宅復帰を目指すことを目的に。特養の入居待機場所として利用しているケースも多い。入居期間は原則3か月	要介護1以上
	介護療養型医療施設（療養病床）	急性期の治療が終わり、長期の療養が必要な場合に入居する。病院に併設されているところが多い（2024年3月末までに他施設に転換、廃止）	要介護1以上
	介護医療院	介護療養型医療施設の転換先として、2018年度に創設された。医療ケアが必要で長期療養となる要介護者が対象	要介護1以上
	介護付き有料老人ホーム	施設職員がサービスを提供する民間施設。料金が高めのところが多い【特定施設】	要支援1以上
	サービス付き高齢者向け住宅（サ高住）	施設職員がサービスを提供する民間施設。介護付き有料老人ホームよりも料金がやや安いところも【特定施設】	要支援1以上
	グループホーム	認知症の高齢者向けの民間施設。自宅のような家庭的な環境のもと、少人数で暮らす	要支援2以上
	ケアハウス（軽費老人ホーム）	福祉施設。「特定施設」の指定があれば、サービス内容は特養・他の特定施設（有料老人ホーム・サ高住）との大きな違いはない【特定施設】	要支援1以上
	小規模多機能型居宅介護施設（小規模多機能）	自宅に住みながら施設への「通い」と、利用者の自宅を訪れる「訪問」、必要に応じて「宿泊」の3つのサービスを受けられる。介護保険の地域密着型サービス	要支援1以上
住宅型（比較的元気な人向け、60歳以上）	住宅型有料老人ホーム	食事のサービスや家事支援、レクリエーションなどのサービスが受けられるところが多い。価格帯の幅は広い。介護サービスは別途契約	自立〜中度
	サービス付き高齢者向け住宅（サ高住）	安否確認と生活相談サービスを受けられる。オプションで食事や家事支援のサービスを受けられるところも。介護サービスは別途契約	自立〜中度
	ケアハウス（軽費老人ホーム）	身の回りのことはできるが、家事など自宅での生活が困難な人向けの福祉施設。比較的低コスト。介護サービスは別途契約	自立〜中度

参考文献：『高齢者施設 お金・選び方・入居の流れがわかる本 第2版』太田差惠子著（翔泳社）より一部抜粋

多様化する「介護周辺ビジネス」を考えるためのヒント

❶ 既存の介護サービスとは別に、ユーザーの真のニーズに基づくサービスの可能性を考えてみる

❷ 要介護者本人や介護者が抱える本当の課題はどこにあるか、何が解決につながるかを考えてみる

❸ 介護保険サービスでも、「保険外サービスとして競争力のある商品・サービスになっているか？」という視点で検討してみる

❹ IoTやビッグデータ、AI等の活用を積極的に検討してみる。ただし、ユーザー視点に基づくことが重要

❺ 今後増加する団塊世代以降の多様なニーズの違いにも着目してみる

❻ 介護予防の観点から可能なサービスは何かを考えてみる

❼ 衣・食・住・遊・休・知・美、さまざまな視点から介護周辺ビジネスの可能性を考えてみる

第4章

「生活」が変わる

「日常の困りごと」を助けるビジネス

「日常の困りごと支援ビジネス」が必要とされる背景

日常の困りごと支援の仕組みが必要

　地域社会で、今後大きく浮上するのが**高齢者の日常生活支援問題**です。現在、社会問題化している「ゴミ屋敷問題」などもその一つです。

　序章で述べた通り、後期高齢者の増加により、日常生活に困難や不便を抱える人が増えることは確実です。かつて、高齢者が抱える困りごとは、同居家族や近隣住民が解決してくれましたが、少子化が進み、コミュニティのつながりも希薄になった現在では、そうはいかなくなってきました。

　来る2025年問題に備え、現在、国が積極的に進めているのが**「地域包括ケアのまちづくり」**です。これは、住み慣れた地域で、自分らしい暮らしを人生の最後まで続けられるよう、住まい・医療・介護予防・生活支援が一体的に提供されるまちづくりのことを指しますが、具体的には「在宅ケアへの移行」「介護予防の推進」「地域の互助の仕組み作り」の3つが柱となっています。

　地域コミュニティの今後を考える上で、互助の仕組み作りはとりわけ重要なテーマです。

　2018年4月より介護保険の予防給付（要支援）部分が、**「介護予防・日常生活総合支援事業」**に移行されました。これからは、自治体の独自施策で住民やボランティア、NPOなどが支え合う互助の仕組み作りを強化することが求められます。現在、各自治体は、元気高齢者を対象にボランティア養成講座を行うなど、住民参加の仕組みを作ろうと努力を重ねていますが、うまく軌道に乗せているところはまだ少ないのが実情です。将来の地域における困りごと支援のメインの担い手は、当然今後増加する元気高齢者であるべきですが、彼らをどのように動機づけ、育成していくか、その道筋はまだ不明です。

ニーズの高い買い物難民問題

　日常生活支援の中でも、近年特に大きな課題となっているのが**「買い物難民」**です。日常の買い物はライフラインに直結するだけに、緊急度も高くなります。

　買い物難民に対しては自治体も施策を講じており、主なものとしては、①出張販売や移動販売など「店側が出向く」もの、②宅配、御用聞き、配食サービスなどの「食料を届ける」もの、③コミュニティバスや乗り合いタクシーなど「出かけるための手段を提供する」ものがあります。

　しかし、いずれも決定打とはならず、個々の施策には不満が残ります（例えば、出張販売では品数が少ない、コミュニティバスでは自分の都合の良い時間に出かけられないなど）。また、このような施策を実施する際には、行政単独ではなく、社会福祉協議会や自治会、地元の商業者や交通機関の協力が必要となります。それぞれ、どこかに過度な負担がかかってしまえば持続可能性は担保されません。

　近年では、生協やスーパー各社、通販企業によるネットスーパーの宅配ビジネス参入もあり、**どこまでが民間企業の範囲で、どこからが行政の介入すべき事項かの線引きが難しい**こともあります。

　自治体でも、対応部門が不明瞭なところがあります。産業振興部や総務企画部門が対応する場合もあれば、福祉部門が主管の場合もあり、監督官庁も農林

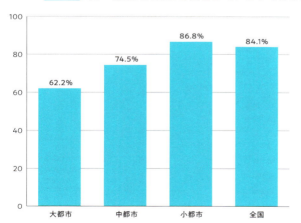

図表4-1　買い物難民対策を必要としている市町村の割合（都市規模別）

大都市：政令指定都市及び東京23区
中都市：人口5万人以上の都市
　　　　（大都市を除く）
小都市：人口5万人未満の都市

出典：『「食料品アクセス問題」に関する全国市町村アンケート調査結果』2019年、農林水産省

水産省、経済産業省、国土交通省、厚生労働省と複数にわたります。このファジーなところも、問題解決を困難とする一因でしょう。

参入しているネットスーパーや宅配事業者が課題として挙げているのは、事業収益の低さです。高齢者世帯の増加、共稼ぎ世帯の増加、加えてネットリテラシーの向上など、事業を取り巻く環境は大きく変化しているにもかかわらず、買い物支援事業がいまひとつ伸び悩んでいるのは、物流コストと人件費コストを回収できるだけのビジネスになっていないからです。

図表4-2 買い物難民対策内容別の実施率

対策内容	全国	大都市	中都市	小都市
コミュニティバス、乗り合いタクシーの運行等に対する支援	74.2%	37.5%	71.6%	76.4%
空き店舗等の常設店舗の出店、運営に対する支援	30.8%	37.5%	36.9%	27.9%
宅配、御用聞き、買い物代行サービス等に対する支援	24.4%	50.0%	28.4%	21.8%
移動販売車の導入・運営に対する支援	22.1%	31.3%	23.9%	21.0%
朝市、青空市場等の仮設店舗の運営に対する支援	11.8%	25.0%	16.2%	9.5%
共食、会食等の共同の食事サービス等に対する支援	6.9%	6.3%	5.9%	7.3%

出典:『「食料品アクセス問題」に関する全国市町村アンケート調査結果』2019年、農林水産省

「日常の困りごと支援ビジネス」を広げるには？

課題
▼
ビジネス

高齢者の日常の困りごとをどう支援するか？

　日常生活の困りごとは、発生単位が個人や家族という小ユニットです。**困難そのものの対処単位も小さく**（例えば、電球を交換してほしいなど）、**その結果、報酬対価も少額にならざるを得ません**。これが、ビジネスとしての成立を困難にしています。また、困りごとがいつ発生するかわからないという不安定さも、定期的な収益を生み出しづらくしている要因でしょう。だからこそ、行政は「日常生活総合支援事業」など、地域の互助で対応しようとしているのです。

「日常の困りごと支援」に取り組む企業

　現在、こうした日常生活の困りごとに取り組んでいるのは、主に地域に根ざす商店街や電気店など、個人商店主の方々が中心です。シルバー人材センターの事業として対応するケースなども生まれています。大手企業では、**ダスキン**や**ベアーズ**が家庭向けサービスの一環として、家事代行サービスに取り組んでいます。流通大手の**イオンリテール**も、ちょっとした困りごとに対応する代行サービスの提供を発表しています（2017年12月31日日本経済新聞「イオン、家庭の困りごと代行30分500円」）。

　宅配便最大手の**ヤマト運輸株式会社**も、多摩市において、UR都市機構や多摩市、地域のさまざまな事業者と連携しながら、荷物の配送だけでなく、買物代行や困りごとに応える家事代行サービス、地域コミュニティの活性化につながるイベントを提供する**生活サービス拠点「ネコサポステーション」**を設置・運営しています（2016年4月）。これは国土交通省が推進する「地域を支える持続可能な物流ネットワークの構築に関するモデル事業」からスタートしたものですが、モデル事業終了後も拠点を増やしながらサービスを継続しており、

2019年10月からは、松戸市でも同サービスを展開しています。

　このように見ると、多くの日常の困りごと支援ビジネスは、既存事業の付帯サービスとして取り組むところがメインで、単独でビジネス化しているのは、生活にゆとりのある層向けであると整理できます。しかし、2025年問題に備えるためには、より多くの人々が比較的安価に利用できるサービスの構築が求められます。

先端テクノロジーの活用

　日常の困りごと支援ビジネスを成立させていくための要件として、今後大きく期待されるのが**ICTやIoT、ロボットなどの先端テクノロジーの活用**です。これを高齢者の困りごとや課題解決につなげるというアプローチは、今後ますます重要なテーマとなるでしょう。

　買い物難民についても同様です。この領域のテクノロジーによる課題解決として筆頭に掲げられるのは、ドローンや自動運転などの新テクノロジーです。

　過疎地でのドローン活用については、国家戦略特区構想のもと宅配事業の可能性なども検討されていますが、現行法では、人口密集地帯での飛行禁止、目視の範囲内での飛行が義務づけられるなど、実用化へのハードルはまだ存在しています。

　自動運転も同様です。現在、自動運転に向けた実証実験として、いくつかの公道実証プロジェクトが進められています。ロードマップとしては、2020年に高速道路での「レベル3」（条件付き自動運転化）、主要幹線道路での「レベル2」（部分運転自動化）が目指されていますが、「レベル4」（完全自動化）の実証実験は2025年以降であり、実用化の目途は当分先です。しかし、将来的にはこれらのテクノロジーが買い物難民を救う可能性を切り開いていくでしょう。

　ただし、留意点が一つあります。例えば、AIスピーカーやアプリなどによる高齢者の日常の困りごと解決というアプローチは、誰しも考えやすく魅力的なテーマですが、ビジネスの視点に立つとそう簡単ではありません。高齢者のITリテラシーの問題もさることながら、**本当にそこにニーズがあるのかどうかをきちんと検証**した上での事業化が求められます（詳しくは次頁コラムを参照）。

ノウハウのビジネス化

　もう一つの可能性として考えられるのが、困りごとを効率的に解決する**ノウハウのビジネスモデル化**という視点。本章で紹介する「とくし丸」や「MIKAWAYA21」などが採用する方法です。これはビジネス化が困難と思われた領域において事業を成立させるための、大いなるヒントになります。彼らは、さまざまな創意工夫を凝らしながら日常の困難を助ける事業をローンチさせ、事業領域を広げるべく努力を重ねているのです。

COLUMN

「見守りサービス」におけるニーズのミスマッチ

　高齢化が進む中、配偶者に先立たれてひとり暮らしになる高齢者の数が増加することは確実。離れて暮らす子どもは、ひとり暮らしをする高齢期の親が心配になりますが、しょっちゅう電話をしたり、訪ねたりするわけにもいきません。そこで登場したのがICT活用による「見守りサービス」です。

　親の見守りサービスのニーズは高いのではないか？　という発想から、電気ポット、電気・ガスメーターなどを活用した見守り、携帯電話やGPSによる見守りなどさまざまなサービスが開発されてきました。しかし、見守りサービスが大きく成功したという話はあまり聞きません。それはなぜでしょうか。

　原因はいくつかあります。第一に、そもそも親世代自身があまり見守られたいと思っていないことです。メーターであれ、センサーであれ、誰しも自分の状態が第三者に知られることを、喜ぶ人はいません。それは高齢者でも同様です。よほど健康に不安があり、常に誰かに見守ってもらいたいと願う人でない限り、自分の状態を（子どもであれ）伝えることに対価を払う人はいないでしょう。また、これまでに開発された見守りサービスは月額数千円、なかには1万円近くするものも多く、高齢者が負担する金額としては高額です。

　では、子ども側のニーズはどうでしょう。親と離れて住み、親のことが気になっている子ども世代は一定程度存在します。月額数千円で

あれば、さほど負担と感じずに払える人もいるでしょう。ただし、費用負担の問題をクリアしても、提供サービスの中身の問題があります。

　多くの見守りサービスは、センサーなどを通じたバイタルデータ（動いているかいないか）の確認や、週1回もしくは月1回程度の電話や訪問を通じた安否確認が中心です。しかし、おそらく多くの人が望んでいるのは、「万が一、親に何かがあった時に、すぐ対応してくれる見守り」です。多くの企業が提供している見守りサービスは、自社で保有したリソース活用を前提とするものが中心であり、それは結果的に利用者ニーズを満たす商品にはなり得ていないのです。

　真の利用者ニーズを把握した上でのサービス開発でないと、いくら商品を開発してもミスマッチが生じ、失敗に終わってしまうのです。

全国の買い物難民を救済する移動販売車

株式会社とくし丸 「とくし丸」

どんなビジネス？ 買い物が困難な高齢者に商品を届ける移動販売車。本部、地域スーパー、販売パートナーの三者が共存共栄しながらビジネス展開する独自のノウハウを構築し、現在、全国で約400台以上の移動販売車「とくし丸」が活躍している。

独自のビジネスモデルで「買い物難民問題」に挑む

株式会社とくし丸が運営する「**とくし丸**」は、近年問題となっている地域の買い物難民への対応策となる移動販売ビジネスです。事業継続が困難になる移動販売ビジネスが多い中、とくし丸は着実に実績を伸ばしています。他のビジネスモデルと、どのような違いがあるのでしょうか。

発想のきっかけ

とくし丸のスタートは2012年。徳島県でタウン誌『あわわ』を発行していた住友達也さん（現・株式会社とくし丸代表取締役社長）が、中山間地域で暮らす母親が買い物難民となったことから発想、起業したビジネスモデルです。

移動スーパーのアイデアを思いついた当初、住友さんは県内のスーパー数社に打診しましたが、ことごとく断られてしまいます。唯一、賛同を得られた地元スーパー「ファミリー両国」（現在は廃業）の支援を受けて、軽トラック2台で移動販売事業をスタートさせました。

どこが新しい？

多くの移動販売事業が伸び悩む中、とくし丸が事業拡大を果たせた理由は、彼らが独特のビジネスモデルを作り上げた点にあります。その特徴の一つが、

とくし丸の販売風景（とくし丸提供）

とくし丸本部は直接、移動販売を行っていないという点です。

とくし丸本部が提供するのは、ビジネスに関する「とくし丸」ブランドと事業運営に係る各種のノウハウ。販売パートナーの人材募集、オペレーション作り、地域のお客様探しとルート作り、軌道に乗るまでの同乗指導などを、本部が提携先の地域スーパーに対して責任を持って行います。

地域スーパーは、ノウハウの対価を本部に支払うとともに、販売パートナーに対する商品供給・返品処理を行います。スーパーのチラシやホームページを活用し、とくし丸の告知や販売促進を行うのもスーパーの役割です。

販売パートナーとなるのは、その地域の事情に通じた個人事業主。330～350万円の開業費で車両を購入し、地域スーパーの商品を車に積み込んで移動販売を行います。高齢者に販売する商品価格は、移動販売に関する受益者負担としてスーパー店頭価格にそれぞれ10円を上乗せ。この手数料は、地域スーパーと販売パートナーで折半されます。

粗利率は30％に達し、それを地域スーパーと販売パートナーで分け合うという、**三方一両得の構図**となっています。

とくし丸のビジネスは、**とくし丸本部、地域の提携先スーパーマーケット、販売パートナーの三者がいて初めて成立**するのですが、それぞれの役割は次の図表4-3の通りです。

図表4-3　移動販売車「とくし丸」のビジネスモデル

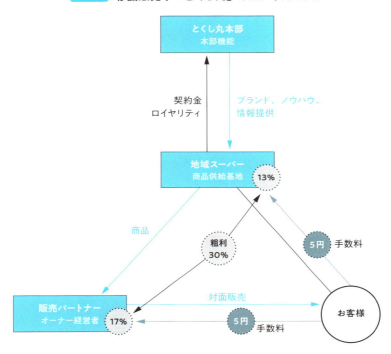

> **ブレイクスルーのポイント**

　事業継続の明暗を分けたのは、**1商品あたりの販売手数料の10円**でした。手数料が10円よりも高くなれば、お客様は割高に感じてしまう。低ければ、収益的に厳しくなる。その兼ね合いをうまく考慮した結果が、この手数料設定でした。加えて、販売主体をスーパー本体ではなく独立個人事業主としたことで、商売に対する意欲が生まれ、高齢者顧客との良好な接点を築くことができました。

　現在（2019年）、とくし丸の提携スーパーは全国44都道府県に広がり、車両台数も400台以上、売上は月販8億円を超えています。開業から7年でこの金額まで到達できたのは、この**三方一両得のビジネスモデル**を立案したことによります。

　とくし丸は移動販売事業と併せて、地元の自治体や警察署と連携し、見守り活動などにも力を入れています。徳島県で起業されたこのコミュニティ・ビジ

ネスは、2016年5月にはネットスーパーの大手オイシックスの資本参加を受け、新たな事業ステージに入っています。

オイシックスのこれまでの顧客層は、健康意識の高い女性や単身者が中心でした。とくし丸への資本参加により、オイシックスは新たに高齢者顧客にアプローチするノウハウを手に入れ、一方とくし丸はオイシックスのネットワーク力、人材、資金力を活用したさらなる事業拡大が期待できます。

ビジネスのヒント

とくし丸は、コミュニティ発のビジネスでも全国的な広がりが可能となることを示した、地域課題解決の好事例です。ポイントの一つは、**成功のノウハウを「暗黙知」からきちんと「形式知」化し、誰でも実施可能なノウハウとしてパッケージ化**したこと。そして、それをとくし丸本部、地域スーパー、販売パートナー（個人事業主）の三者でシェアしながら、それぞれの責任分担を明確にし、**誰もが損をしない継続可能な仕組み**を構築したことにあります。

コミュニティ・ビジネスが成功しづらい原因として、ノウハウが個人に依存してしまうことや、収益の割り当てが少ないことがありますが、とくし丸はその点を見事にクリアしています。受益者がある程度の負担を引き受けながら、最終的に持続可能となるビジネスに昇華したところが、とくし丸ビジネスの優れた点であるといえます。

- 事業採算性が困難な移動スーパー事業を、独自のビジネスモデル構築で収益化
- 培ったノウハウを独自のビジネスモデルにすることで、全国展開を可能にする
- 顧客自らも負担を引き受けることで、本部、提携スーパー、販売パートナーの共存共栄システムを確立

●株式会社とくし丸：http://www.tokushimaru.jp

100円で日常生活の困りごとを解決

株式会社御用聞き「100円家事代行」

どんなビジネス？ ちょっとした困りごとを低額で代行するコミュニティ・ビジネス。高齢者の日常に起こるさまざまな困りごとの、ワンストップ解決に取り組んでいる。

ちょっとした困りごとを5分100円で解決

株式会社御用聞きは、東京23区を中心に、高齢者の困りごとや課題解決に取り組む地域密着型のコミュニティ・ビジネスです。「会話で世の中を豊かにする」という経営ビジョンに基づき、地域のちょっとした困りごと（＝御用）を請け負う**「100円家事代行」**を事業の柱に据えています。

同社のサービスメニューは、ワンポイントの困りごと（電球交換、電池交換、びんのフタ開けなど）を解決する5分100円の「100円家事代行」と、5分300円～の「たすかるサービス」（大掃除のお手伝い、ふろ掃除、トイレ掃除、キッチン掃除など）、「片付けられないお部屋のお手伝い」（遺品整理・生活環境整理）の3本柱。**高齢者に起こる困りごとのワンストップ解決サービス**に取り組んでいます。

右から、御用聞きの松岡さんとシニアスタッフの永田さん（御用聞き提供）

発想のきっかけ

「御用聞き事業」は、不動産仲介事業を手がけていた古市盛久さんが、2010年に光が丘で起業し、スタートしました。当初の事業コンセプトは、「インターネットを活用した地域高齢者と子育てママをつなぎ、困りごとを解決するビジネス」でしたが、これは残念ながらうまくいきませんでした。頭で考えたほど、実際の子育てママにも、高齢者にも支持が得られなかったのです。特に高齢者がインターネットを使いこなすことが前提のビジネスモデルは時期尚早であり、利用者数が伸び悩んだ結果、多額の損失を抱えてしまいました。

その後、改めて古市さんは困りごと解決ビジネスに取り組もうとします。インターネットサービス利用者に事業終了のお詫びに訪れた際に、「お詫びはいいから、有料でお風呂掃除を手伝ってくれない？」といった言葉を受けることが多かったからです。こうした**小さな困りごとニーズをフェイス・トゥ・フェイスで拾っていけば、きちんとしたビジネスになるのではないか**。そう考えた古市さんは、「100円家事代行」という事業アイデアで再チャレンジしたのでした。

図表4-4 御用聞きのビジネスモデル

どこが新しい？

　各種の困りごとに対応した便利屋サービスは、同社以外にも多数存在しています。タウンページをめくれば、数多くの事業者を見つけることができるでしょう。しかし、他社サービスの中には、価格体系が不明瞭で、事後に法外な手数料を要求するところも少なくありません。また、高齢者の中には、「知らない人を家の中に入れること」に不安を感じる人も多いです。

　同社が目指すのは、**顧客との「顔の見える関係」の構築**です。一過性ではなく、顧客との長期信頼性が得られることで、新たに生まれるビジネスを志向すること。また、その関係性をベースに、高齢者にさまざまな困難事例が生じた場合に、自治体の高齢者福祉窓口や地域包括支援センターなどにつなぐ相談支援の役割も果たしたいと、同社の松岡健太さんは語ります。

ブレイクスルーのポイント

　第一に挙げられるのは、**利用者視点に立ったサービス・メニュー**の開発です。とかく不透明なこの手のサービスを、わかりやすく3種類の、かつ手頃な価格に設定したところが、利用者の拡大につながっています。また、同社は、外部の講演会や勉強会などに積極的に赴いて、その知識を開示しています。御用聞きで培った**ノウハウを、他の自治体や民生委員などに積極的にシェア**しているのです。純粋なビジネスの視点に立てば無駄なことのようにも見えますが、ソーシャルビジネスの視点から見れば、課題解決においてネットワーク作りは欠かせません。

　御用聞きの活動では、福祉系大学を中心とした学生インターンの受け入れを積極的に進めており、**社会教育活動にも寄与**しています。当面は都内での事業展開を図りつつ、将来的には蓄積したノウハウをベースに、行政と企業と顧客をつなぐビジネスや、フランチャイズビジネスなども展開していきたいと、松岡さんは語ります。

　同社は、民間企業ではありますが、ソーシャルビジネス志向が強い会社です。日常の困りごと支援は本来、社会福祉協議会やNPOなどが担うフィールド。同社をNPO法人化して、自治体から一定の補助金や助成金をもらえるようにするという考えはなかったのかと聞くと、「自治体の補助金には絶対に頼りません。社会保障費増大が懸念されている中で、そこに頼るビジネスはした

くない。むしろ、民間サービスとしてきちんと成立する道筋を作ることで、今後の高齢社会に対応可能な企業になりたい」(松岡さん)という答えが返ってきました。こうした強い志に支えられながら、新しい形のソーシャルビジネスは生まれてくるのでしょう。

> **ビジネスのヒント**

　御用聞きというビジネス・コンセプトを基本としながらも、当初の「インターネット活用ネットワークモデル」から「ソーシャルビジネス型モデル」に転換して、現在に至ったというプロセスが興味深いところです。前者は、比較的多くの人が考えつきそうなモデルではありますが、高齢者ビジネスではなかなか思う通りにいかないところがあります。頭でっかちではなく、実際の生活者の声を地道に聞きつつビジネスモデルを構築することの大切さを、同社の事例は教えてくれます。

　また、高齢者の困りごとを助けるという、ある意味で福祉領域にも重なる事業として、大学生の社会教育活動や地域の福祉活動とうまく連携を図って進めているところも、非常にユニークなポイントです。今後、社会課題解決の事業を考える際は、こうした**地域におけるさまざまなリソースとの連携**も重要な視点になっていくでしょう。

- 「地域の高齢者の困りごと解決」というソーシャルビジネスの事業化
- 高齢者が利用しやすいサービスメニューの工夫により、扱い件数の拡大を図る
- 大学生インターンを積極的に受け入れ、社会福祉教育にも寄与
- 自治体とも連携を図ることで、高齢者が安心して暮らしやすい社会を構築

●株式会社御用聞き：https://www.goyo-kiki.com

ICTを活用して、高齢者サポートの仕組みを構築

MIKAWAYA21株式会社「まごころサポート」

どんなビジネス？
シンプルなデバイスを開発し、安価で高齢者の見守りができるようにしたサービス。高齢者の各種困りごとを解決するノウハウや機器を蓄積・開発し、販売する、コンサルティング型ビジネスモデル。

高齢者サポートをノウハウ化したコンサルティング型

MIKAWAYA（みかわや）21株式会社は、株式会社御用聞きと同様、地域の高齢者の困りごと解決をテーマとする企業です。ただし、「御用聞き」が地域密着をベースとした活動であるのに対し、MIIKAWAYA21は高齢者への各種サポートノウハウをパッケージ化して全国展開する、**コンサルティング型のビジネスモデル**です。

同社の現在のメイン事業**「まごころサポート」**は、高齢者の各種困りごとを20分500円で請け負うというビジネス。同社は、こうした高齢者困りごと対応に関するノウハウをパッケージ化（ノウハウ提供、PR活動支援、スタッフの育成支援）し、主に**全国の新聞販売店などの地域密着企業に提供**しています。

発想のきっかけ

このビジネスモデルを発案したのは、同社代表の青木慶哉さん。新聞販売店を経営していた青木さんは、近年、新聞の購読部数が減少傾向にある中での販売店経営に疑問を感じていました。新聞購読を継続してもらうための方法が、洗剤やビール券といった拡販（拡大販売）材料に頼る従来の手法でいいのだろうか？――そんな思いを抱いていた時、ある顧客の「野球の観戦チケットではなく、電球の交換などが頼めたらいいのに」という一言がヒントとなり、1997年から高齢者のサポートビジネスを始めるようになりました。

MIKAWAYA21の「マゴコロボタン」(MIKAWAYA21提供)

　その後、高齢者のサポートを目的としたMIKAWAYA21を設立し、2012年には本格的な事業展開に踏み切ります。現在では、約500の地域密着企業で、まごころサポートが採用されています。また、まごころサポートを通じて培った顧客との信頼関係をベースに、ハウスクリーニングやエアコンクリーニング、健康教室サポートなど、新たなサポートメニューを追加して展開中です。

　まごころサポートは、主に人的資源をベースとした事業ですが、それらに加えて新たに2017年7月から販売開始したのが**「マゴコロボタン」**。**「誰でも簡単に使える」をコンセプトにした緩やかな見守りデバイス**で、直径は10センチ程度、電源を差し込むだけで使えます。

どこが新しい？

　「誰でも簡単に使える」をコンセプトとした「マゴコロボタン」の機能は、大きく4つあります。

　一つ目が「天気・災害情報」。気象庁の観測データや災害情報を取得し、居住する地域のその日の天気や温度を読み上げ、災害発生時には災害情報を提供します。一方、ボタンを1回押せば、関係者に安否確認を伝えることもできます。湿度センサーも搭載。室内の温度計測をすることができます。

　2つ目が「くらしの情報」です。ゴミの収集日などの地域のコミュニティ情報や時報、服薬時間のお知らせなどを、プッシュ送信します。必要な情報を定時に告知することで、**シニアが忘れがちな行動習慣を思い出させる**ことができます。

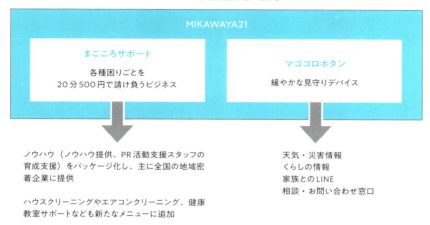

図表4-5 MIKAWAYA21のビジネスモデル

　3つ目は、家族との「LINEコミュニケーションサービス」。遠く離れて暮らす家族のLINEとボタンを連携させることで、音声メッセージの送受信が可能となります。ボタンが押された時や災害情報を発信した際は、連携されたLINEへもその情報が通知されるので、家族も安心して見守ることができます。

　4つ目が、「相談・お問い合わせ窓口」機能です。ボタンを2回押すと、連携先の自治体や企業のメールアドレスに連絡が届き、確認した担当者（スタッフ）はシニアのお客様に電話で要件をうかがい、必要なサポートを提供するという機能です。

　極めてシンプルな機能と構成で、何かを新たに習熟する必要のない、**高齢者にとっても使いやすいフレンドリー設計**。LTE/3G回線なので通信コストも低めです。「高齢者向けデバイス」と称しながら、端末価格が高く、ランニングコストもかかる商品は往々にしてありますが、高齢者の消費性向を考えると、低価格に設定することは重要です。この端末は、シンプルかつ使いやすい機能に特化することで低価格を実現し、販売開始以来、自治体や全国の地域密着企業、サービス付き高齢者向け住宅などで採用されています。

　また、2009年4月からは、まごころサポートの展開内容をさらに拡充し、フランチャイズ・パッケージ化。軽作業サポート、ハウスクリーニングサポー

ト、IoTデバイスサポート、健康教室サポート、鑑定サポート、終活サポートなど多様な高齢者サポートサービスを、加盟店が気軽に事業展開できるようにノウハウ提供しています。

> ビジネスのヒント

　MIKAWAYA21の事例も、移動販売車の「とくし丸」と同様、コミュニティの課題解決をビジネス・パッケージ化し、他地域にも展開していく**ノウハウ供与型モデル**です。加えて、マゴコロボタンという**オリジナリティの高い機器を開発**することで、独自のビジネスモデル構築に成功しています。「高齢者にとって安価で使いやすい」というコンセプトは、他の商品開発においても重要な視点です。

○ 個別に蓄積された高齢者の課題解決ノウハウを、ソフト・パッケージ化（FC化）することで、事業拡大を可能に
○ 開発サイドの思いではなく、利用者（高齢者）のニーズ（簡便さ・低価格）を理解した上での商品開発

● MIKAWAYA21：https://mikawaya21.com

住宅が借りられない高齢者を救う賃貸仲介

R65不動産

> **どんなビジネス？**
>
> 「高齢」を理由に住宅を借りることが困難となった人のための仲介を手がける不動産会社。高齢者入居へのハードルを下げるための仕掛け作りに、積極的にチャレンジしている。

「借りられない高齢者」専用の不動産ビジネス

　賃貸住宅業界には、大家が物件を貸したくない「3大賃借人」というものがあります。それはすなわち、「障害者」「高齢者」「外国人」だそうです。

　日本賃貸住宅管理協会調査（2014年）によると、大家の7割が障害者に、また6割が高齢者・外国人に対して、何らかの拒否感を覚え、実際に入居制限を行うケースも一定程度存在しています。同調査では、高齢者のみ世帯では8.9％の入居制限が行われていました。入居制限の理由は、「家賃の支払いに関する不安」に次いで、「住宅の使用方法に対する不安」「入居者以外の者の出入りに

R65不動産のホームページ

対する不安」「居室内での死亡事故等に対する不安」などが並びます。

R65不動産は、そのような**高齢者の入居が困難な状況をビジネスチャンス**と捉える、高齢者専門の賃貸住宅の仲介企業です。

発想のきっかけ

R65不動産代表の山本遼さんは大学卒業後、地元愛媛県の不動産仲介会社に就職。その後、東京の支店に転勤しました。「高齢者の入居の申し込み、お断り」――これは、彼が不動産仲介会社に勤務していた折に、当然のことのように行われていました。大家にもそう考える人が多かったので、申込者が高齢の場合は、いちいち確認するまでもなく仲介会社としてお断りする慣行がまかり通っていました。

ある時、山本さんは80歳の女性の仲介を引き受けます。この方の住居が決まるまで、200件のオーナーに電話をかけ続ける必要がありました。「年齢要件でこれだけ苦労するなら、同じようにお困りの高齢者は多数いるに違いない」。この状況を逆にビジネスチャンスと捉えた山本さんは、会社を退職し、2015年に起業しました。

どこが新しい？

山本さんが目指しているのは、**高齢者入居へのハードルを下げていくための仕掛けづくり**です。

山本さんによると、世代別のアパートの平均入居年数は、単身世帯が2年未満、学生が2～4年未満、ファミリー層が4～6年未満に対して、高齢者世帯は6年以上が圧倒的に多いそうです。入居年数が短いと入れ替わりの際のリフォーム・コストがかさむため、高齢者の入居は、実は大家にとってもメリットが大きいといいます。

しかし、その一方で大家が抱く「孤独死」や「不慮死」への懸念を払拭する必要性も、山本さんは感じています。現在、メーカーと連携した「見守りシステム」の開発や、「孤独死の定義化」により、むやみに「事故物件」と呼ばれることへの歯止めもかけていきたいと語ります。

「短期的には、高齢者が入居拒否に遭うことのない社会を作り上げること。最終的には、高齢者がいつまでもかっこ良く過ごせる社会作りを目指したい。R65が必要なくなるのが一番理想的」(山本さん)。

図表4-6　R65のビジネスの考え方

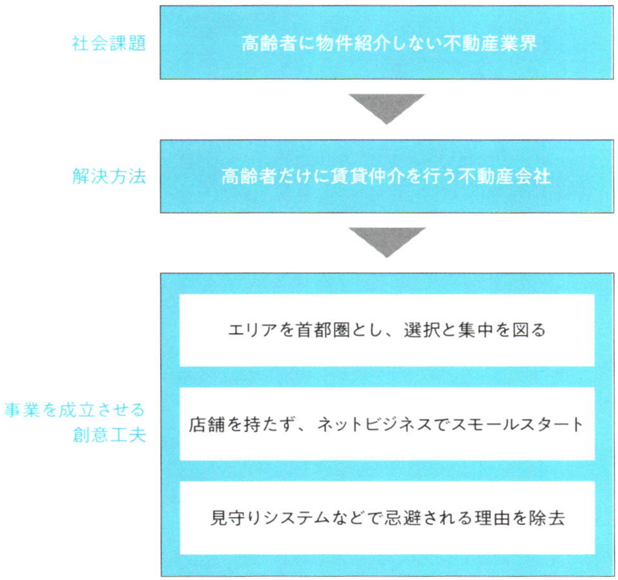

- 社会課題：高齢者に物件紹介しない不動産業界
- 解決方法：高齢者だけに賃貸仲介を行う不動産会社
- 事業を成立させる創意工夫：
  - エリアを首都圏とし、選択と集中を図る
  - 店舗を持たず、ネットビジネスでスモールスタート
  - 見守りシステムなどで忌避される理由を除去

ブレイクスルーのポイント

　当初から店舗は持たず、**ホームページからのスモールスタート**を目指しました。事業開始から半年くらいは、あまり反応がなく厳しい状況でしたが、1年を経た頃から、ホームページを見た**医師やケアマネジャーからのクチコミ**で徐々に広がり、今では事業も安定してきています。現在の取り扱い物件数は1都3県で約300件、月に40件ほどの仲介事業を行っています。

　R65利用者の特徴は大きく二つ。一つは、長年入居していたマンションやアパートの老朽化にともない立ち退きを迫られたケース。もう一つは、従来住んでいた場所から子どもの近くに移り住む「近居移転」のケースです。最近目立つのは後者だそうです。

　高齢となり、連れ合いも亡くなり、一人で一軒家に住むのも不用心。かといって、子どもと同居するわけにもいかない、老人ホームやサービス付き高齢者向け住宅などで人の世話にもなりたくない。子どもの家の近くに住むことで、同居でなくても、何かあった時のために、お互いに安心感を得たいと考える人が増えてきているのです。

R65不動産の山本遼さん

ビジネスのヒント

　地域コミュニティに限らず、今の社会の中には、日常生活を送る上で目に見えないさまざまな差別やハードルが存在しています。そうした困難に多く直面するのは、特にマイノリティと呼ばれる人たちです。ダイバーシティ社会の構築が叫ばれながらも、その実現はまだまだ遠く、私たちはR65不動産のような事例から**「目に見えない生活の不便益」に着目してビジネス化を目指す視点**を学ぶことができます。

　こうした社会的障壁をビジネスのテーマとする際のポイントは、マーケットスケールです。地方では事業成立しない事業規模でも、**人口が集中している大都市ならば成立する可能性**があります。そこにチャンスを見出し、チャレンジしていくのは面白い試みです。

○ 高齢者の直面する困難や課題に新たなビジネスチャンスを見出す

○ 地方では成立困難でも、大都市では市場として成立する可能性が期待できる

○ 課題解決を困難にしている社会偏見や問題点を解消するための、細かな創意工夫が重要

●R65不動産：http://r65.info/

COLUMN

リペアロジー（修繕主義）の時代へ

　「リペアロジー」とは、「修理」を意味する「repair」に学問を表す接尾語の「-logy」を組み合わせた造語。これからは、総合的な修理・保全に関する知の体系化が必要な時代が来るのではないか、という思いから筆者が考えた言葉です。

　近代以降、修理・修繕することは、新しく物を作ることよりも、常に下位に位置づけられていました。新築とリフォーム、新車と中古車、新品の靴と修繕した靴、新札と旧札……両者を比較した時、私たちは無意識のうちに新しいほうに価値を置きがちです。

　新しい物を作る際は、その時点での最新技術を導入できます。大量生産によるコストダウンも期待できます。一方、保全や修理は、使用状態によって適した修理方法が異なり、個別の対応が求められる場合があります。おのずと、規模の経済性を享受することが困難な状況にありました。

　しかし今後、人口減少が進む日本社会では、新しい物に価値を置くだけでなく、古いものも賢く使い続ける技術や知恵が重要になってくるでしょう。

　例えば、日本はすでに基本的なインフラが整っています。本格的な近代化が始まった1960年から半世紀以上経過し、高速道路、橋脚、トンネルといった社会インフラも耐用年数を向かえつつあります。それらを単純に壊して新しく作るのではなく、保全し、修繕することにも重きを置く必要があるでしょう。マンションについても同様です。「権利保有者の3分の2以上の同意がなければ建て替え不能」という条件は、実質、建て替えが難しいことを意味します。ならば、うまく修繕しながら使い続けるしかありません。

　さまざまな物を長く使い続けるための修繕・保全技術を総合的に体系化していくことが求められます。将来的には、こうした技術を専門家のみならず多くの人々が活用することで、日本の社会インフラが守られていくかもしれません。

「日常の困りごと」を助けるビジネスを考えるためのヒント

❶ 「日常の困りごと」は、買い物や食事だけではない。（後期）高齢期になると、日常の生活行動のほとんどが、困りごととなる。それらの「どこを解決するか？」を考えてみる

❷ 「日常の困りごと」は、コミュニティに発生する小さな課題であるだけに、収益が難しい。ビジネス化するための創意工夫を検討してみる

❸ 一つのコミュニティのみでの収益ではなく、成功事例の横展開による事業拡大を考えてみる

❹ IoTやテクノロジーの活用、FCビジネス展開などの方策を考えてみる

❺ 困りごとを解決するヒューマンリソースについても、多様な担い手の可能性を検討してみる

❻ コミュニティに潜在するリソースやネットワークの掘り起こしを考えてみる

第5章

「地域」が変わる

「地域コミュニティ」を活性化するビジネス

制度疲労で弱まる地域の「コミュニティ力」

基礎知識

地域コミュニティの再生は急務

　阪神・淡路大震災や東日本大震災の発生以来、地域コミュニティの重要性が改めて認識されています。災害時に弱者となるのは、子どもや高齢者、障害者などの人々です。いざという時に、**「お互いに声を掛け合い、助け合える共助社会の構築」が今後極めて重要になる**ことは、誰しも認めるところでしょう。

　しかし、このような思いとは裏腹に、地域のコミュニティ力は全般的に低下しているのが実情です。とはいえ、利害関係を超えて地域住民が支え合う構図なくして、これから次々と起こる高齢社会課題を乗り越えていくことはできません。地域コミュニティの再生は喫緊の課題です。

　各地域には、コミュニティを支えるさまざまな組織が存在しています。しかし、組織によっては社会構造の変化にともない、「新しい担い手不足」に苦慮

図表5-1　地域のコミュニティを支える組織

【自治】
自治会・町内会
マンション管理組合

【教育】
小中学校
PTA・育成会

【企業】
商店会・法人会

地域住民

【高齢者】
老人クラブ
シルバー人材センター

【防犯・防災】
警察・消防
自営消防団
交通安全協会

民生委員・児童委員

ボランティア
NPO

【福祉】
社会福祉協議会
障害者福祉センター
地域包括支援センター

するケースも見受けられます。また、組織間の横連携が図られていないことも多く、それがコミュニティ力低下の一因となっています。

高齢者組織への参加減少が止まらない

　現在、地域コミュニティでどのようなことが起きているのでしょうか。その端的な例として挙げられるのが、**既存のコミュニティや高齢者支援組織の制度疲労**という現象です。

　例えば地域の自治会、町内会組織は、地域自治を支える重要な組織活動の一つですが、加入率の減少が課題になっています。東京都では、2003～2013年の11年間で加入率は61％から54％にまで低下しています（把握できた33市町村の数値の平均）。

　高齢者組織においても、同様の現象が起きています。老人クラブ（老人会）とシルバー人材センターは、地域のリタイア高齢者が元気に活動するためのリソース提供を目的に生まれたものです。しかし、**高齢化の進展とは反対に、組織数や参加人員の減少が顕著**となっています。2010年に718万人いた全国老人

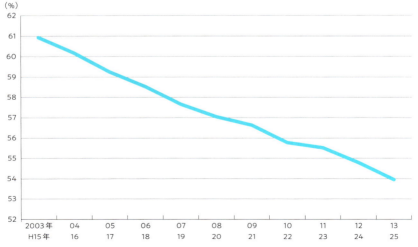

図表5-2　東京都の町会・自治会加入率の推移

※事務局による各区市町村ヒアリング結果により集計。
　平成15年から平成25年までの11年間の数値が把握されている33区市町村の平均値を集計

出典：「東京の自治のあり方研究会最終報告」2015年3月、東京の自治のあり方研究会

クラブ会員数は、2015年には606万人と約100万人減少（全国老人クラブ連合会資料）、シルバー人材センターの会員加入者数も2009年の79万人から2014年の72万人と5年間で7万人減少しています（全国シルバー人材センター事業協会統計資料）。

　共通するのは、かつてはうまく機能していた組織が、団塊世代に代表される戦後生まれの高齢者の登場や時代変化の流れとともに、支持を得づらくなっているという事実です。

新しい高齢者に「老人クラブ」はミスマッチ?

　老人クラブ会員減少の最も大きな要因は、新規会員加入率の低迷です。クラブの会員組織自体が高齢化し、"若手"による事業運営の移行がスムーズに進まず、組織継続が困難になるという悪循環を生み出しています。

　そして、新規会員獲得がうまくいかないのは、**新しい高齢者ニーズとのミスマッチ**が起きているためです。活動内容の多くは、カラオケ、囲碁、将棋、健康体操、ゲートボールなど、現在の中心メンバー（70代以上）のニーズに合わせたものが中心。若い人（60代）が、自分と価値観の異なる組織に進んで入会しようという気持ちになれないのは仕方ないでしょう。戦後生まれの世代にとっては、「老人クラブ」という名称からして、自身が参加すべきサークルとして共感されません。老人クラブという名称に潜むネガティブ・イメージは、早々に払拭する必要があるでしょう。

　また、「60歳以上」を加入条件とするクラブが多いですが、現在は、多くの人がまだ働き続けている年齢です。定年で完全にリタイア可能なのは、むしろ金銭的にゆとりのある一部の人で、そうした人は老人クラブとは別の場所で楽しみや生きがいを見出しているかもしれません。

地域コミュニティ組織の継続は重要

　同様の事象はシルバー人材センターにもいえます。シルバー人材センターは、高年齢者が働くことを通じて生きがいを得るとともに、地域社会の活性化に貢献する組織として設けられました。主な業務内容は、庭木などの剪定・除草・草刈り、障子・ふすま・網戸の張替えなど、どちらかといえば一定の技術や体力を要するものです。また、庭木や家屋の手入れなどを自分たちでするの

ではなく、専門の業者に依頼するケースも増えており、いざ手伝おうと思っても、そうした作業をやりなれていないという可能性もあります。団塊世代以降の高齢者が増加する中、彼らの定年後の就労ニーズと提供業務のミスマッチが生じていることは否めません。

　ただし、制度疲労を起こしつつあるとはいえ、**これらの組織は、国内最大の規模を持つ高齢者団体**です。人口減少社会の中で、極めて重要な地域の高齢者をつなぐネットワーク組織をうまく活用しながら、高齢者の生きがい提供、就労支援など、高齢社会課題を解決するための方策を見出していかなければなりません。

必要なのは、新たな「地域コミュニティ力」の担い手

既存コミュニティ力＋新しいコミュニティ力

　コミュニティをつなぐ組織力は、重要な社会関係資本です。米国の社会学者ロバート・パットナムは、著書『孤独なボウリング』(柏書房)で、米国における社会関係資本の衰退をもたらした原因として、共稼ぎ世帯の増加、郊外化、テレビによる余暇時間の私事化、世代的変化などを指摘しています。これらは、多かれ少なかれ日本においても同様でしょう。

　こうしたことからも、期待されるのが新しいコミュニティの支えとなる地域NPOの力です。

　特定非営利活動促進法(NPO法)が制定されたのは1998年のこと。それ以降、NPOの数は着実に増加し、認証NPO数は約5万、認定NPO数は約1000に達しています(2018年1月末現在)。これからの時代は、既存のコミュニティ組織ではなく、NPOやボランティアなどが地域を支えるという意見もあります。

　一方で、既存コミュニティの力を重視する意見もあります。稲葉陽二著『ソーシャル・キャピタル入門 孤立から絆へ』(中公新書)では、**既存型の自治会や町内会コミュニティを「ボンディング(結束)型社会関係資本」、NPO法人などを異質なもの同士を結びつける「ブリッジング(橋渡し)型社会関係資本」**として分類し、前者は社会全般に対する信頼や互酬性を高める効果を果たし、後者は特定の人や組織に対する信頼や互酬性を高める効果を示すと語っています。

　一般に、社会関係資本の可能性は、ボンディング型ではなくブリッジング型を中心に語られる場合が多いです。しかし、本書によると**「治安、健康、教育の面では、地縁団体**(自治会、町内会、老人会、自主防災組織、消防団員、民生委員、社会福祉協議会、ボランティア)**のほうが、NPOよりもプラス効果を持つ」**という説が紹介されています。今後の地域社会における社会関係資本のあり方を考える上で、既存組

図表5-3 社会関係資本のタイプ

社会関係資本タイプ	ボンディング（結束）型	ブリッジング（橋渡し）型
組織事例	既存型の自治会・町内会など	NPO法人など
効果	会全般に対する信頼や互酬性を高める効果	特定の人や組織に対する信頼や互酬性を高める効果
特徴	治安、健康、教育面では、地縁団体（自治会、町内会、老人会、自主防災組織、消防団員、民生委員、社会福祉協議会、ボランティア）のほうが、NPOよりもプラス効果を持つ	情報の伝播や評判の流布において強い外部性を持つ

参考文献：『ソーシャル・キャピタル入門』稲葉陽二著（中公新書）

織の再活性化も極めて重要であることに改めて気づかされます。

すなわち、社会関係資本の再生には、**「どちらか」ではなく「どちらも」**重要だということです。本章で紹介する「シェア金沢」はまさにその典型で、地域住民、障害者、高齢者、若者、子どもたちが、「ごちゃまぜ」になって暮らすためのまちづくりが志向されています。

ダイバーシティのまちづくり

地域コミュニティの再生を考えるにあたって重要な点は、社会的弱者との共生が図れるかどうかです。困りごとを抱える**高齢者をはじめ、子ども・子育て世代、障害者の人々が困難や不安を抱えることなく暮らせる、多様性を持ったコミュニティをいかにして築き上げるか**。従来のように自治体予算に頼ることが難しい昨今、地域住民同士の工夫で、社会共生が実現するコミュニティモデルを作らねばなりません。そのためにも、地域社会の課題解決に関心を持つ人々の育成と巻き込みが重要です。その中には、元気高齢者ももちろん含まれます。

自治体やNPOに頼るだけではなく、コミュニティ再生を通じたビジネス開発視点の検討も重要です。

地域のコミュニティ力を強化する共生住宅

荻窪家族プロジェクト「荻窪家族レジデンス」

> **どんなビジネス？**
> 地域のコミュニティ力強化を目的とする単身高齢者用賃貸住宅。住居スペースに加え、共用スペースには、ラウンジ、アトリエ、集会室などが備えられ、コミュニティのつながりを強化するための、さまざまな仕掛けや催しが行われている。

地域の強い人間関係力を育むコミュニティ拠点

　JR中央線荻窪駅から徒歩10分、閑静な住宅地の一角にある**「荻窪家族レジデンス」**(2015年オープン)。白い外観デザインを備えた3階建てのアパートメント・ハウスが目指すのは、さまざまな人々をつなぎ、地域コミュニティの核となることです。

　居住者エリアとサロン・ニリアに分かれ、住居は全14戸。1部屋あたりの面積は25㎡で、室内に簡易キッチン、トイレ、シャワー、洗面台が備え付け

荻窪家族レジデンス外観

られています。ひとり暮らしには必要十分な空間といえます。この他にも、共有のラウンジスペース、屋上ガーデンを望む浴室（1人用と2人用）、屋上デッキが備え付けられ、ラウンジスペースには大型テレビ、テーブル、ソファがあり、居住者同士で歓談することもできます。月額賃料は13万4000円（2019年現在）なので、充実した設備を考えればむしろ割安といえるかもしれません。

発想のきっかけ

　荻窪家族プロジェクト代表の瑠璃川正子さんは、十数年前に両親の経営する賃貸アパートを引き継ぎました。そして、老朽化したアパートを建て替える際に、全く新しいコンセプトの施設を作ろうと考えます。彼女自身、両親の介護で苦労した経験もあり、**「高齢期にひとり暮らしになっても、元気に生き生きと住まい続けることのできる住宅」** を作りたいという思いからでした。

　要介護になる前から住み始め、暮らすことで健康寿命が伸び、要介護状態になってからも快適に住める住宅。そのために必要な条件は、「ユニバーサルデザイン」や「介護サービス」といったハード面よりも、**「地域における強い人間関係力」を育む**ことにあると考えたのです。

どこが新しい？

　荻窪家族レジデンスの特徴は、**サロン・エリア**にあります。一般的な集合住宅は収益効率を重視して、このようなエリアは設けられません。荻窪家族レジデンスが重視するのは、賃貸住宅としての収益だけでなく、ここが地域コミュ

荻窪暮らしの保健室の開催風景

図表5-4 荻窪家族レジデンスのコンセプト

ニティの核となること。そこに収益以上に大切なものがあると信じたゆえの設計です。

　ラウンジ、アトリエ、集会室で構成されたサロン・エリアは、「**百人力サロン**」と命名され、多くのイベントやミーティングが開催されています。健康の不安や悩みを相談できる「荻窪暮らしの保健室」、一緒に食事をとりながら交流する「百人力食堂」、子育てママやパパ、孫育て"じいじ"や"ばあば"が集って情報交換する「ほっぺ広場」、毎回の参加者が話題を決める「ふらっとお茶会」などです。

　サロンは地域内外のボランティアが知恵を出し合って運営。イベントの参加費は無料、もしくは数百円から1000円程度で、イベントに興味のある人なら誰でも参加できます。

> **ブレイクスルーのポイント**

　瑠璃川さんが荻窪家族レジデンスのコンセプトに至るまでには、さまざまな人々との出会いと協力が不可欠でした。そのうちの一人が、ダイヤ高齢社会研究財団の主任研究員の澤岡詩野さん。「第3の居場所」をテーマに活動する研

究者で、地域のコミュニティ作り講座で知り合った瑠璃川さんのレジデンスのプランニング、コミュニティ運営のアドバイザーとして、寄り添い続けています。

他にも、介護プランの自己作成を推進するマイケア・プラン・ネットワークの島村八重子さん、まちづくりに強い建築家の連健夫さん、「すぎなみおとな塾」のメンバー河合秀之さん、夫の瑠璃川崇さんなど、多くのメンバーが関わることで、施設コンセプトが徐々に固まっていきました。荻窪家族レジデンスの開発プロセスそのものが、**「人間関係力強化の実例」**に他なりません。

ビジネスのヒント

地域関係資本の強化を図る場合、ボランティアやNPOの活動をベースに行うのが一般的ですが、荻窪家族レジデンスの場合は、**賃貸アパート経営と地域力強化活動をセット**にしてしまったところが極めてユニークです。結果として、この一連の地域活動は、荻窪家族レジデンスのブランド力強化や、他施設との差別化にもつながっています。

サロン・エリアの活動自体を収益化させるのはなかなか困難ですが、当初からそれは目的になっておらず、荻窪家族レジデンスの魅力形成の一翼を担っています。地域において事業展開する場合、こうした**地域関係資本の拠点、その場所や事業が地域にとって欠かせない存在になることを目指す重要性**を教えられます。

○ 行政の手に頼らず、事業を通じて地域のコミュニティ力を強化
○ 地域関係資本を強化することで、事業として他と差別化できるブランド力を獲得

●荻窪家族レジデンス：http://www.ogikubokazoku.org

障害者・高齢者・若者・地域住民が集う「ごちゃまぜの街」

社会福祉法人佛子園「シェア金沢」

> **どんなビジネス？**
> 障害者を中心に多様な世代や年齢の人がつながることを目的に開発された複合型コミュニティ施設。敷地内には、障害者・高齢者・若者などの触れ合いや交流を促す仕掛けが施されている。

いろんな人が楽しく、生き生きと暮らす街

「シェア金沢」は、石川県金沢市郊外の国立病院機構金沢若松病院跡地（約1万1000坪）に建てられた複合施設です。敷地内には、障害児入所施設、サービス付き高齢者向け住宅、学生向け住宅などの住居施設に加え、高齢者デイサービス、訪問介護施設、児童発達支援センターなどの福祉施設、一般の人々も利用できる天然温泉、ギャラリー、レストラン、売店、ドッグランなどが併設されています。

それぞれの施設は別棟構成で、他施設に向かう際には敷地内道路や棟間の小道を通ることになります。**道幅は意図的に狭く設計**され、すれ違う際には自然と挨拶が生まれる仕組みになっています。

シェア金沢のコンセプトは「ごちゃまぜの街」。分散した施設を通じて人々が多様に交流する機会を設けることで、意図的にコミュニケーションを生み出そうとしています。

運営するのは、**社会福祉法人佛子園**。石川県を中心に、長年、「高齢」「障害」「児童」の領域でさまざまな社会福祉事業を展開しています。

シェア金沢以外にも、地域のコミュニティの拠点となっている「三草二木西圓寺」、白山市での町づくり、輪島市の活性化、町おこしなどを手がけています。それらすべてに共通するのは、「老若男女、障害の有無にかかわらず、いろんな人が楽しく生き生きと暮らせる生活の場を作る」という理念です。

シェア金沢の入口

シェア金沢の敷地内風景

発想のきっかけ

　佛子園の原点は、現在の理事長・雄谷良成さんの祖父まで遡ります。戦前から日蓮宗行善寺の住職を務めていた祖父は、戦後間もない頃から戦争孤児を引き取って育てていました。その後、1960年に知的障害児の入所施設である社会福祉法人佛子園を開設します。

　そこで障害のある子どもたちと一緒に育った現理事長の雄谷さんは、特別支援学校の教師を経て、青年海外協力隊員としてドミニカ共和国で福祉施設や病院施設の立ち上げに奮闘努力。帰国後、地元の北國新聞社に6年ほど勤務したのちに、34歳で実家の佛子園を受け継ぎました。

　障害のある人々が安全に暮らせる場を作りたいという強い思いもあり、佛子園以外にもさまざまな障害者就労の施設を立ち上げました。それらの施設の注目すべき点は、障害者関係者だけで完結する閉じた施設ではなく、**多くの人々**

図表5-5　シェア金沢の施設

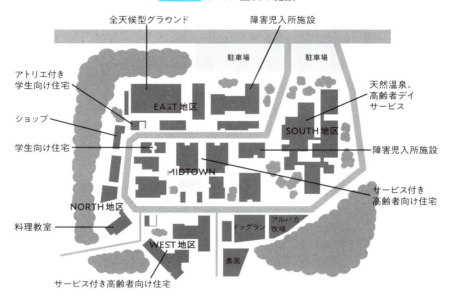

と交流可能な開かれた施設を目指している点です。

　一般的な障害者の就労施設の業務内容は、パソコンのデータ入力、調理補助、部品組み立て、清掃業務などさまざまですが、多くの場合、当事者と支援者を中心とした閉じられた世界です。佛子園が目指すのは、障害のある人も健常者も同じ世界でともに働き、暮らすことです。

　例えば、佛子園が運営する「星が岡牧場」には、アルパカと触れ合える牧場や、宅配弁当の製造を行う「グリル星が岡」などの、障害者支援施設や就労支援施設（A型・B型）があります。1998年に立ち上げたブリュワリー・レストラン「日本海倶楽部」は、地ビール工房やレストラン、牧場を備え、美しい日本海の入江が見渡せるリゾートスポットですが、ここもまた障害者の就労施設です。

　2008年に小松市に開設した「三草二木 西圓寺」は、跡継ぎがいなくなったお寺を再生したものです。本堂にはカフェを併設し、地元の老若男女が集い、定期的にライブコンサートなどが開かれています。新たに温泉や足湯も設けられ、コミュニティセンターとして有効に機能する施設となっていますが、やはりここでも障害者の人たちが活躍しています。このような一連の施設作りが、

シェア金沢で遊ぶ子どもたち

結果的にシェア金沢の原型になったのです。

どこが新しい？

　コミュニティ内の商業・サービス施設は、障害のある人の福祉や就労の場であり、元気高齢者たちのボランティアの場でもあります。施設は一般の人々も気軽に利用でき、結果として**障害者との交流の機会**を生み出しています。

　学生向け住宅に住む大学生は、安価な家賃で入居する引き換えに、シェア金沢内で月30時間のボランティア活動を行うことが条件となっています。施設内に住む高齢者（32戸）も同様で、元気なうちはシェア金沢内にあるさまざまな施設でボランティアとして活躍してもらいます。

　シェア金沢の施設やスペースは、近隣の保育園児や小学生にも開放されており、筆者が訪問した折にも、近所の保育園児たちが施設内で楽しそうに遊んでいました。小学校のランニング大会も、ここがスタート地点になっているそうです。

　このように、**子ども、大人、高齢者、障害者など、多様な人が暮らし、交流できる場**を創出している点が、シェア金沢の最も素晴らしい、学ぶべきところです。

ビジネスのヒント

　今後の日本社会において、「ダイバーシティ」というコンセプトは極めて重要です。しかし、口ではダイバーシティを叫んでも、実際に実行するとなる

と、どうすればいいかわからないという企業がほとんどではないでしょうか。佛子園は社会福祉法人ではありますが、極めて優れたユニークなアイデアで、あらゆる形でダイバーシティを実現させています。

　加えて、空間環境の快適さが挙げられます。一般的に、福祉施設に訪れるのは関係者や福祉に関心の高い人が中心です。シェア金沢の環境は緑にあふれ、かつ建物も洗練されており、福祉やダイバーシティに特段関心がない人がぶらりと訪れても、心地よいひとときを過ごすことができます。**デザイン性や環境を重視して施設そのものを魅力的にする**ことで、障害者、高齢者、若者、子どもなどさまざまな人々が日常的に交流できる場を実現しているのです。このようなコンタクトポイントの作り方は、さまざまな事業で参考になるでしょう。

○ コミュニティ施設において、ダイバーシティ社会を実現
○「働く」「交流する」をキーコンセプトに、高齢者や若者、子ども、障害者など多様な人々が集える環境を作る
○ デザイン性も重視し、福祉や社会課題に関心が高くない人も訪れたくなる施設を作る

●シェア金沢：http://share-kanazawa.com

高齢者と若者をつなぐ新しい住まい方

NPO法人リブ&リブ「異世代ホームシェア」

どんなビジネス？ ひとり暮らしの高齢者と上京した大学生の共同生活を支援するNPO。住んでいる者同士（高齢者と大学生）が、相互に家庭生活を分かち合う「交流志向の住まい方」を提案している。

「異世代ホームシェア」という新しい世代連携

ひとり暮らし高齢者世帯が増え、人々のつながりの希薄化が懸念される中、**「異世代交流」**というキーワードが注目されています。年齢の異なる人々の交流が、それぞれの世代に新しい体験を提供し、それが結果として人間関係資本の充実につながるのです。

そんな異世代ホームシェアの普及に努めているのが、**NPO法人リブ＆リ**

ホームシェアで暮らす宮本さんと米田君（リブ＆リブ提供）

図表5-5　異世代ホームシェアの仕組み

ブ。ひとり暮らしの高齢者（もしくは夫婦）の自宅に大学生が同居するという、古いようで新しい住まい方のモデルを広げようとしています。

　部屋を提供する側の高齢者の条件は、①首都圏でひとり暮らし（夫婦可）をしており、健康面での問題がない、②独立した学生用の部屋と居間などの共有スペースを用意できる、③過度の干渉をせず、学生が独立して通常の生活を送れるようにすることの3つ。一方の学生側は、①親元を離れ首都圏の大学に通っている、②シニアと同居の意思がある、③ルールをきちんと守れることが条件です。後は当事者同士での話し合いとなりますが、週に数日、一緒に時間を過ごすくらいの、高齢者と若者の緩やかなつながりを実現する仕組みといえるでしょう。

発想のきっかけ

　この仕組みを推進するリブ＆リブの代表理事の石橋鍈子さんが、1996年からスペイン・バルセロナの財団で実施されていた異世代ホームシェアのモデルケースを知ったことに始まります。石橋さんは長年、在日アメリカ大使館に勤務し、その後、外資系IT企業で社会貢献事業を担当し、退職しました。現役を引退して気づいたのは、若者との接点があっという間に減ってしまうこと。日本でも、世代間でより交流する仕組みが必要だと感じた彼女は、手がかりを求めて欧米やアジア各国を訪ねました。

スペイン・バルセロナの財団で老人と若者の交流の様子（リブ＆リブ提供）

　そして知ったのが、バルセロナのカイサ・カタルーニア財団（当時）が実施していた異世代ホームシェアの仕組みでした。パリのensemble2generationsという財団でも同様の仕組みが導入されていることを知り、両財団と協力関係を築きながら、その日本版の実施に臨んでいます。

どこが新しい？

　高齢者にとっては、若い大学生と交流することで、ひとり暮らしの寂しさや不安が軽減するとともに、元気や活力をもらえます。また、万が一の時や夜間の不安がなくなり、住み慣れた自宅で安心した生活が送れます。一方、学生にとっては、地方から上京した際の生活費の負担が多少なりとも軽くなり、アルバイトに追われることなく勉学に専念できると同時に、責任感も生まれ、経験豊かな高齢者から多くを学ぶことができます。**お互いがWin-Winとなる異世代交流の仕組み**です。

　現在、大学、短大、専門学校などに進学するために何らかの奨学金制度を利用している学生は、学生全体の約半数に達するといわれます。多くは貸与型の奨学金であり、学校を卒業しても返済に追われ、生活に苦慮するケースが増えています。実家を離れて暮らす学生にとって、比較的安価な費用負担（月2万円の水道光熱費）は大きな魅力です。経済的な理由で首都圏で学ぶことを躊躇している学生には、ありがたい恩恵に映るでしょう。

> ### ブレイクスルーのポイント

　この仕組みを成功に導くポイントは、高齢者と若者をつなぐ**専門コーディネーターによるマッチング**です。専門コーディネーターは、事前に大学生の綿密な面接をし、志望動機や自己PRを確認した上で、相性がよさそうな高齢者とのマッチングを行います。実際に共同生活が始まってからも**定期的に自宅を訪問**し、生活の様子をうかがい、さまざまな相談に対応。今後の高齢社会において異世代交流の輪を広げていくことは、それぞれの世代にとって極めて有意義な取り組みに違いありません。

　2017年、この異世代ホームシェアの活動に注目した鉄道会社が、リブ＆リブと業務提携を結びました。沿線地域の付加価値向上を目的に、異世代ホームシェア事業の普及に協力しています。加えて、学生にはアルバイト先の紹介、シニアに対しては同居解消後の不動産に係るサポートも同社が行うといいます。

> ### ビジネスのヒント

　異世代ホームシェア事業は、**社会課題の解決を目指すNPOと、沿線のブランド価値を向上させたいと考える電鉄企業が提携を組んだ好事例**です。地域における社会課題を解決する目的としては、事業収益が優先するわけではありません。地域社会のブランド価値の向上、**企業の社会貢献の一環として課題解決に取り組むというアプローチ**も十分にあります。

　こうした課題解決に企業が取り組む場合は、地域社会における課題がどこにあるかを的確に把握するとともに、解決につながる手段を保有するボランティアやNPOと連携して進める姿勢が重要になっていきます。NPOの活動内容をリサーチすることが、新規ビジネスにつながる可能性は決して少なくありません。

- 「ホームシェア」という仕組みで異世代連携を促す
- NPOの活動領域を広げ、企業側にもメリットをもたらす「NPO×企業の提携型」で社会課題を解決する

● NPO法人リブ＆リブ：https://www.liveandlive.net/

COLUMN

「コミュナル・リビング」が地域の新しい靭帯となる

　高齢化が進む中で、独居高齢者の増加が予測されています。2025年以降は後期高齢者（75歳以上）人口が増えますが、彼らが在宅で自立生活するためには、地域による何らかの助けが必要となってくるでしょう。独居である場合は、なおさらです。

　高齢者に限らず、地域コミュニティには周囲の手助けを必要とする人が潜在しており、そのニーズはより高まっています。近年の「こども食堂」ブームが示すように、コミュニティにおいて人と人をつなげたり、助け合おうとする機運が少しずつ高まってきているのです。

　そこで、これらの一連の動きを「コミュナル・リビング」と名付けてみました。「共同体的な暮らし方」という意味です。

　コミュナル・リビングに集うのは、あらゆる世代のさまざまな思いを持った人々です。本章で紹介した「シェア金沢」は、健常者、障害者、若者、高齢者といった多様な人々が集い、交流する「ごちゃまぜの街」として生まれたものです。他にも、元気な高齢者の共生住宅「COCO湘南」（神奈川県藤沢市）、疑似家族のオープン・コミュニティ「国立家」（東京都国立市）、ランドリーを核とした地域コミュニティ「喫茶ランドリー」（東京都墨田区）など、多様なテーマのオープンなコミュナル・リビングが、多くの地域で生まれています。

　従来の血縁関係や婚姻関係にとらわれない、新しい緩やかな家族のカタチの芽生え。それが、コミュナル・リビングです。

「地域コミュニティ」を活性化するビジネスを考えるためのヒント

1. 地域におけるコミュニティの課題について考えてみる
2. 地域コミュニティの結束型組織（自治会、商店会、PTA、老人クラブ）と橋渡し型組織（NPO、ボランティア）、それぞれの活用の可能性を考えてみる
3. 地域のNPOや社会福祉法人、民間企業など多様な連携による、課題解決の可能性について考えてみる
4. 多世代、異世代による支え合いや、役割の担い方について考えてみる
5. まだ活用されていない、人と人とのつながりを支える場所や組織、ネットワークの可能性について検討してみる
6. それぞれが負担を少しずつ分かち合うことで課題解決する可能性について検討してみる

第6章

「余暇」が変わる

「学び」と「エンターテイメント」のビジネス

高齢期の理想的な「余暇」とは?

仕事を辞めると人的ネットワークが縮小する

　高齢期になると増えるのが「時間」。仕事を辞めて時間ができたら「あれもやりたい、これも挑戦したい」と考える人もいますが、特に会社勤めをしていた場合は、**リタイアして仕事に費やしていた時間がぽっかり空くと喪失感を感じてしまうシニアも多い**です。

　定年後の時間は「8万時間」ともいわれ、いかにその時間を充実させるかは、高齢期の重要なテーマの一つです。もちろん、今後は元気高齢者も働き手として期待されており、多様な働き方が社会に広がれば、「空いた時間」という悩みもなくなるかもしれません。しかし、現実には働くことを望まず、かといってやることもなく、暇を持て余している高齢者は多いのです（特に男性に顕著です）。

　シニア女性の場合、男性と比べると「家事」が日常の多くを占め、かつ趣味も多様。友人関係も豊かで、男性ほどに孤独感を味わう人は少ないといえます。ちなみに、高齢期の女性は職業欄に「主婦」と記入し、リタイアした人でも「無職」とは書きません。一方、男性は「主夫」とは書かず、「無職」と記入します。筆者はしばしば近所の図書館や国会図書館を利用しますが、図書館はそんな「無職」のシニア男性で常にいっぱいです。

　楽しみや張り合いのある生活をするためにも、**高齢期に趣味を持っていることは極めて重要**です。働くことから卒業すれば、人的ネットワークはおのずと縮小します。学生時代や会社のOB会などのつながりもありますが、月に1回程度の飲み会やゴルフなどで、現役時代のような頻繁な付き合いはなくなります。自分の暮らす地域に同じ趣味の仲間を持てれば、高齢期におけるQOLの維持にもつながるでしょう。定年前から「リタイア後の生活」をイメージし、備える意識を持つことが大切です。

「普段の楽しみ」＋「たまに非日常の楽しみ」

　内閣府の「平成26年度 高齢者の日常生活に関する意識調査結果」によると、「高齢者の普段の楽しみ」で上位を占めるのは、「テレビ・ラジオ」「新聞・雑誌」といったマスメディアへの接触、そして「仲間との団らん」といった項目です。さらに、「旅行」「食事・飲食」「買い物」「ウォーキング」などがそれに続きますが、旅行を除けば、さほど大きなお金がかかるものではありません。

　多くの場合、**リタイア後の生活収入は年金が中心**となります。日常はつつましく過ごし、たまに非日常の楽しみを求めて旅行をしたり、趣味を楽しむという生活が基本。旅行にしても豪華な海外クルーズや豪華列車を楽しむのは、一部の富裕層寄りのシニアや「一生に一度の想い出づくり」の人で、一般の高齢者の旅行はよりつつましいものです。

　それでも、旅に行けるのは身体が元気なうちに限られます。筆者も「足腰が弱るとマチュピチュ（ペルー）には行けないから、元気なうちに行ったほうがいいわよ」と70代の女性にかつて言われたことがありましたが、まさにそのような気持ちなのでしょう。

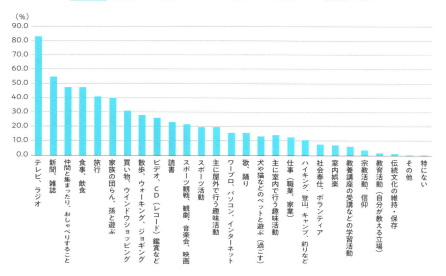

図表6-1　高齢者の普段の楽しみ（男女60歳以上、複数回答）

出典：「平成26年度 高齢者の日常生活に関する意識調査結果」内閣府

「学び」も「遊び」も自分が楽しむためのもの

　高齢期の時間を「学び」に使おうとする人も多いです。若者にとっての「学び」は、それにより得られる知識、技能、学歴を通じて「今後の自己の生活をさらによくしたい」という志向が背景にあります。一方、高齢者にとっての「学び」はより純粋。あくまで自分の知る喜びや楽しみを目的に、知識や技術を得ようとする場合が多いのです。つまり、**高齢者にとっての「学び」は、「遊び」や「旅行」と同列**にあるといえます。

　高齢者を対象にサービス提供しようとする側にとっては、彼らの日常生活に「学び」や「遊び」をいかに自然に寄り添わせるかが重要になります。例えば、本章で紹介する「桜美林ガーデンヒルズ」は、カレッジリンクという形を通じて、高齢期の生活と学びを結合させようとした事例です。

高齢者向けのエンタメは「小商圏」「少・定額」「絞り込み」

　高齢になるにつれて、**移動距離は短く**なります。たとえ好きなミュージシャンのコンサートでも、わざわざ遠くまで出かけるのは億劫になってしまうのです。むしろ、自宅の近くで開催してくれるイベントのほうがありがたい。本章で紹介するコンサートの事例もそうですが、広範囲から集客する必要のある大劇場ではなく、近隣の人が来やすい市民会館などでの開催で、シニア顧客の誘引を可能にしています。高齢者市場においては、**広域商圏からの誘客を狙うよりも、小商圏を多数抱える**ようなビジネスのほうが適しているのです。

　これは、エンターテイメント以外の分野にもいえます。フィットネスクラブの**「カーブス」**は、多くのシニア女性に支持を得ている健康体操教室ですが、これも小規模店舗を主婦の生活圏に多数展開するビジネスモデル。プールや風呂、高価な器具を設置しない、主婦のクチコミで入会者を増やすなど、小商圏でもビジネスを成立させる工夫が、現在の成功につながっています。

　また、一部の富裕層を除けば、リタイアした高齢者がエンターテイメントや趣味に支出できるのは一定金額の範囲内となります。したがって、**少額あるいは定額で楽しめる**ものが選ばれやすくなるでしょう。

　そして、金額に限りがあるということは、あれもこれもと多趣味に走るのではなく、**年齢とともに絞り込んでいく傾向**も強くなります。かつてインタビュ

ーをした男性が、「60代後半で趣味はテニス1本に絞る覚悟を決め、ゴルフクラブを処分し、趣味の断捨離をした」と寂しそうに語った姿が印象に残っています。そうした断捨離を経ても残るような楽しみや趣味を提供することも重要です。

　このように、高齢者向けのエンターテイメントを考える際は、**「小商圏」「少・定額」「絞り込み」**の3つがポイントとなります。

学びながら暮らす
カレッジリンク型高齢者住宅

株式会社ナルド 「桜美林ガーデンヒルズ」

どんなビジネス？ 桜美林学園の出資会社が運営する、高齢者のための学びの住宅（サービス付き高齢者向け住宅）。「シニアの学び」「若者との交流」「地域住民との交流」の3つをテーマに開設された交流施設。

日本初の本格的カレッジリンク型共生住宅

カレッジリンクとは、**大学と地域社会との連携で実施される各種プログラム**のこと。行政と大学の連携による地域課題解決プログラムの開発、高齢者住宅と大学の連携などのケースがあります。入居者（高齢者）は大学構内で講義やゼミに参加して学んだり、図書館や食堂などの施設を利用することができ、一方で一般学生はシニア住宅でアルバイトなどを行って高齢者と交流します。

これは大学を中核に地域共生を図ろうとする試みでもあります。近年話題の「地方創生」とも極めて相性のよいテーマです。

桜美林ガーデンヒルズの外観（ナルド提供）

「桜美林ガーデンヒルズ」は、JR横浜線淵野辺駅から車で10分程度の小高い武蔵丘陵中腹に位置し、窓のはるか向こうには丹沢山系、大山を望むことができます。住居棟は、高齢者向け住宅棟（サービス付き高齢者向け住宅、2棟60室）、学生向け住宅棟（30室）、ファミリー向け住宅棟（8室）からなり、若者から高齢者まで多世代が集う構成です。デイサービスと訪問介護ステーションが併設され、別棟にはコミュニティレストランと交流棟もあります。

発想のきっかけ

　桜美林学園の佐藤東洋士理事長は、提携する米国オハイオ州オーバリン大学で行われている、高齢者施設とのカレッジリンクプログラムを見て、「いつかは桜美林学園でもカレッジリンクを」という希望を持っていました。数年前に東京都が公募した補助事業（一般住宅を併設したサービス付き高齢者向け住宅整備）に採択されたことで、**日本初のカレッジリンク型共同住宅**の開設につながったのです。

どこが新しい？

　米国では、高齢者住宅と大学をつなぐカレッジリンク型住宅のプログラムを採用する大学が20以上ありますが、日本では桜美林学園の出資会社が開設するまで存在していませんでした。桜美林ガーデンヒルズの新しさは、地域とのさまざまな接点機会を具体的な施設開設を通じて展開しようとするところです。

　実際に、敷地内は地元地域の「さくら祭り」の会場として活用され、交流棟では桜美林学園のさまざまなサークル活動の発表が、地元の方々を集めて開催されています。

　今後は、施設内の学生居住者と高齢者も積極的につないでいく意向で、学生には施設内でのアルバイトを通じて高齢者との交流を図ることを試みたり、災害時には高齢者の避難支援を行うことを義務づけたりもしています。桜美林学園は、こうした**地域に開かれた新しいタイプの教育機関のあり方**を目指しています。

住居棟の外観
（ナルド提供）

> ブレイクスルーのポイント

　現在、カレッジリンクでは、同学園が展開する「多摩アカデミーヒルズ」のカルチャー教室への利用送迎に加え、大学図書館の利用サービスなども提供しています。

　また、大学と地域をつなぐ機能として有効活用が期待されるのが、敷地内にある「コミュニティレストラン」と「交流棟」。コミュニティレストランは、居住者のみならず一般の人も朝食から夕食まで利用可能で、地域の名産品「町田シルクメロン」を使ったメニューなども展開され、地域の商工振興に一役かっています。交流棟には、会議室やイベントホールがあり、イベントやセミナー、ミニコンサートなどが開催できます。こうした施設は、大学連携型ならではといえるでしょう。

　取材時（2018年1月）の稼働状況は、サービス付き高齢者向け住宅が約半分、学生向け居室は満室。将来はここを高齢者の学びの場だけでなく、**「大学と地域をつなぐハブ施設」**として積極的に活用したいと考えているそうです。

> ビジネスのヒント

　少子高齢化がさらに進行する中、教育業界では熾烈な生き残り競争がすでに始まっています。特に大学は、今後、従来の学生教育に留まらない、より多様で新しい機能・機会の創出が求められるでしょう。社会人や高齢者を対象としたプログラムについても、社会人教育に限らず、より多様な可能性を模索すべ

きです。その意味で、桜美林ガーデンヒルズの試みは極めて先駆的なチャレンジといえます。

　従来、ある**特定の機能に特化していた施設を、高齢者のみならず地域の交流拠点として位置づけ直すという「リ・ポジショニング」の試み**は、人口減少が進み、コミュニティの新たな形が求められる中で、積極的に考えられるべき事項です。そしてそれは、公的機関に留まらず民間企業にも、そうした役割を積極的に引き受けていく姿勢が求められるのではないでしょうか。

○ 学びの機能を起点に、高齢者住宅やコミュニティ拠点を接続し、大学の新しい価値を生む
○ 特定機能に特化した施設の「リ・ポジショニング」を検討することで、新たなビジネスの可能性が生まれる

●桜美林ガーデンヒルズ：http://www.narudo.co.jp/CCRC.html

歌で想い出を呼び起こす シニア参加型イベント

株式会社マイソングエンタテイメント「歌声コンサート」

どんなビジネス？ 現代の歌声喫茶。高齢の人たちになじみのある懐かしい歌を、皆で一緒に楽しく歌うことができるコンサート。累計2000回以上の公演を重ねている。

求められるのはシニアにとっての「プチ・エンタメ」

多くの高齢者にとって、最も必要とされるエンターテイメントは、**日常のごく身近に存在する「プチ・エンターテイメント」**です。もちろん、大枚をはたいて訪れる歌舞伎やオペラ、クラシックコンサートも高齢者の支持が高いですが、どちらかというと都市型の富裕層シニアが中心の市場です。

株式会社マイソングエンタテイメントの「**歌声コンサート**」は、日本全国、特に地方のシニアの支持が高く、大衆演劇や剣劇、寄席などに似たタイプのエンターテイメントといえます。高齢化が進む中、こうしたジャンルは、実は潜

歌声コンサートの会場風景

在需要が高まっているのです。その意味では、コンサートを取り仕切る杉山公章さんは、現代版・下町の玉三郎的な存在にも見えます。

発想のきっかけ

　杉山さんは、かつて歌手・研ナオコのバックバンドを務めていました。その後、プロデューサー修業を経て、千葉県流山市で地元の人を対象とした歌声教室を始めます。杉山さん自身は、1950〜60年代に流行した「歌声喫茶」がどんなものか全く知らなかったそうですが、年配のお客様に学びつつ、彼らとの交流の仕方を学んでいきました。回数を重ねる中で、クチコミで次第に来場者が増えていき、会場の規模が教室サイズからホールに変わり、現在は累計で2000公演を数えるに至っています。

どこが新しい？

　歌声コンサートの面白い点は、**徹底的に高齢者の機微を知りつくした**上で、プログラムを進行しているところです。筆者が拝見したある日のステージは、こんな具合でした。

　開演とともに杉山さんが登場。キーボードに陣取って、皆で軽い発声練習をします。最初はロシア民謡「トロイカ」。会場にいる60〜70代の参加者は誰でも知っている曲です。歌詞を忘れていても、ステージのスクリーンに大きく映し出されているので心配はありません。「カチューシャ」「ともしび」とロシア民謡が続いて、「涙そうそう」「あざみの歌」「上を向いて歩こう」「恋の季節」……と、60代以上であれば誰もが知る懐かしい歌が続きます。

　現在のレパートリーはおよそ2000曲。会場によって、お客様の年代や嗜好も異なるので、演奏曲のラインナップには気を遣います。新曲もレパートリーに追加。開催時期の季節感を意識して曲を構成するとともに、当日、お客様からもらったリクエストもコンサートの後半に反映させています。

　杉山さんの進行がまた見事です。ユーモアを交えつつ曲紹介を行い、手拍子を促し、演出に緩急をつけ、お客様が飽きないように創意工夫しています。休憩を挟んで、全2時間、30曲。コンサートはあっという間に終了しました。

　会場に市民会館の小ホールを選んでいるのも人気の秘訣。こぢんまりしたホールのほうが一体感が醸成されるからです。その心地よさも人気の秘密です。

ブレイクスルーのポイント

　杉山さんは、**コンサート人気の秘密はすべてお客様のおかげ**と語ります。
　「来てくださる方たちは、僕のことを『先生』と思ってくれていますが、だからといって背伸びすることはしません。何しろ、皆さんは人生の大先輩。僕がどんな人間かはすぐにばれてしまいます」(杉山さん)
　会場には、さまざまな背景を持った人が訪れます。夫を亡くした悲しみに沈んでいたけど、コンサートで笑顔を取り戻せたという人。これから手術で入院するけれど、頑張ってリハビリをして、またコンサートに来ると話す人。
　「歌声コンサートとともに、そんなお客様の人生に寄り添っていければいいな、と考えています。歌は直接人の心に訴えかけて、人に寄り添うものです。とりわけ、自分が元気で若かった頃の歌は、思い出とともに、その人を元気にさせます。楽しく歌っていただき、適度に笑っていただいて、満足して帰っていただきたい。それが、僕の喜びであり使命と思っています」(杉山さん)
　こうした杉山さんの思いが、結果としてお客様を心の底から楽しませるコンサートにつながっているのでしょう。

ビジネスのヒント

　比較的、生活や時間にゆとりのある高齢者にとって、エンターテイメントは日常に彩りを与えてくれる存在で、その潜在需要は高いものがあります。高齢者にとってのエンターテイメントは多岐にわたりますが、歌声コンサートはその需要(皆で懐かしい歌を楽しく歌いたい)をうまく可視化し、ビジネスパッケージにした事例といえるでしょう。そのような視点に立つと、世の中にはまだ他にも高齢者のエンターテイメント・ニーズが潜んでいるのではないでしょうか。

○ シニアのエンターテイメント市場は「小商圏」が基本
○ シニアの好みやニーズをつかむためには「お客様に学ぶ姿勢」が大切
○ シニアの心の機微を徹底的に理解した上で、彼らが心から楽しめるプログラムを組み立てる

●歌声コンサート：http://www.utagoe.jp

COLUMN

往年のスター歌手が一堂に会し150万人のシニアを動員

　株式会社夢グループの「夢コンサート」は、往年のヒット歌手たちが一堂に会し、懐かしい曲を歌うコンサート。年間450公演、観客総動員数は延べ150万人を数えます（主催コンサート含む）。観客の多くは60〜80代のシニア層です。

　夢グループは、もともと日用家電商品を主力とした通信販売会社でした。その後、カラオケマイクのヒットによって、同社は興行ビジネスに着手するようになります。「これだけカラオケマイクが売れるのならば、『音楽をお届けする仕事＝コンサート』を行えば、具体的なお客様の顔が見える」という発想で、コンサート事業に着手しました。

　2011年、東北の震災復興支援が求められる中、出演者に2人の東北出身者、千昌夫と新沼謙治が加わることで、コンサートは大きく成長。「コンサートで、元気になった」「活力をもらえた」というシニアの声に押される形で、夢コンサートは全国に広がっていきました。

　夢コンサートの特徴に、「出前出張公演」という考え方があります。コンサートが開催されるのは、県庁所在地の大ホールよりも、キャパシティ1000人程度の小さな市民会館が中心。市民会館であれば、近隣の人が自宅から気軽に来場できます。夜の部だけでなく、必ず昼の部公演が設けられているのも特徴。「コンサートには行きたいけれど、わざわざ電車に乗って赴くのは面倒」「夜遅い時間に出歩きたくないから、できるだけ早い時間帯に楽しみたい」といったシニア特有のニーズに合わせる仕組みになっているのです。

　また、夢コンサートは、単純な興業ビジネスではありません。「エンターテイメント事業」と、もともとの本業である「通信販売事業」を組み合わせ、相乗効果を生み出すことにつなげているのです。すなわち、コンサートに訪れる顧客のデータベースを通販ビジネスにも活用するという、いわば一石二鳥のビジネスモデル構築を図っています。

　さらにいえば、コンサート自体も「興行収入」と「物販収入」の一石二鳥を図っています。高齢者のコンサートの楽しみを広げるのは、

幕間の物販です。休憩時間には、歌手本人がロビーに赴いて、サイン会や握手会を開催します。小金は持っていても、これといった使い所が思いつかないシニアにとって、芸能人と直に接することができる「非日常体験」にお金を払うことへの抵抗感はありません。むしろ、楽しい時間や体験に見合ったお金を払うことは、彼らにとっては"元気の素"です。

今後、シニアのエンターテイメント需要はさらに拡大していくでしょう。会社をリタイアし、日常の生活時間を持て余す人々にとって、夢コンサートのような手軽なエンターテイメントは、一服の清涼剤となるはずです。

楽しく頭と体を動かす介護予防教室

株式会社学研ココファン「学研 大人の教室」

> **どんなビジネス?**
> 認知症予防のための自費サービス学習プログラム。週１回９０分間、仲間と一緒に無理せず楽しく学ぶことができる。

介護・認知症予防メソッドを提供するスクール

「学研 大人の教室」は、学研グループでサービス付き高齢者向け住宅などの高齢者関連事業を展開する**株式会社学研ココファン**が2017年4月に始めた事業。その様子を、横浜鶴見教室で拝見しました。JR鶴見駅から歩いて10分ほどの場所にある教室で、その日は12名の生徒さんが参加されていました。「生徒」といっても、70〜80歳の方々です。

週１回、約90分間のプログラムは、「学び」「運動」「アート」の３部構成（それぞれ30分）となっています。料金は月額5000円（税抜）程度。シニアにとっても、さほど懐が痛まない金額です。

冒頭のウォーミングアップの様子

173

ファシリテーターの服部さんによる、軽いウォーミングアップと認知機能についての説明に続いて「学び」のプログラムがスタート。最初に小学生時代に見たようなプリントが配られ、二字熟語の類義語60個ほどを全員で音読し、書き取ります。書き取りの最中は教室がしんと静まり、さらさらと鉛筆が紙の上をすべる音だけが聞こえます。かすかな緊張感も漂っていて、まさにここは「教室」なのです。

　このプログラムは、学研が東北大学と共同開発したオリジナル脳活性プログラム「脳元気タイム」がベース。ちょっとだけ負荷のかかる作業を繰り返し行うことで、大脳の前頭前野を活性化する効果があるといいます。プログラムは終始、和やかな笑いと会話を挟みながら進行していきました。

　「学び」プログラムが終わると、少し休憩。その間も、生徒たちは思い思いにおしゃべりを継続します。友達同士の会話の楽しみも、教室へ通う大きなモチベーションになっていることが伝わってきます。

　休憩が終わると、次は場所を移動して「運動」プログラム。車座になって椅子に座り、座ったままでのストレッチ体操を中心に行います。頭から首筋、肩、腕から足、腿、膝、足首……と順番に体の要所を曲げ伸ばし。動作は単純ですが、繰り返し行うことで汗がじんわりと出てきます。プログラムには、「腕を伸ばしながらグーとパーを順番に出す」「数を数えつつ4の倍数で手をたたく」など、同じく脳トレ的要素のある運動も含まれています。

　「運動」の後で再び休憩を挟み、最後は臨床美術の要素が盛り込まれる「アート」プログラムです。取材当日は、「春のそよかぜ」をテーマに、スケッチブックにオイルパステルで描くものでした。ピンクの色調でやさしいそよ風を表現する人もいれば、突風のように力強くスピード感のある表現を試みる人

「学び」のプリントに取り組む参加者

も。自由闊達かつ真剣に取り組む姿が印象的でした。

　席の近い人同士で作品を褒め合い、評価し合い、ここでもおしゃべりが絶えません。最後に生徒数名の作品をピックアップして皆に披露し、その日のプログラムは終了……と思いきや、**「大人の教室」には宿題がある**のです。

　ぬり絵、計算問題、漢字などの数枚のプリントが「宿題」として渡され、次週までにやってこなくてはなりません。週に１回、教室に来た時にだけトレーニングを行うのではなく、毎日の宿題を行ってさらなる認知症予防、介護予防につなげるというわけです。

発想のきっかけ

　「大人の教室」開発の経緯を、学研ココファンホールディングスの望月久豊広報課長、学研ココファンの秋葉修一経営マネージャー、佐藤信子「学研 大人の教室」担当サブマネージャーにうかがいました。

　同社は、2004年に高齢者向けサービスに参入しました。現在では、全国でサービス付き高齢者向け住宅や在宅介護などの高齢者事業を展開。保育所や学童保育などの展開を行っていることもあり、最近では、**「子ども」と「高齢者」を掛け合わせた学研型「多世代交流型の地域包括ケア」拠点づくり**を進めています。

　「学び」プログラムのベースになった「脳元気タイム」は、同社のサービス

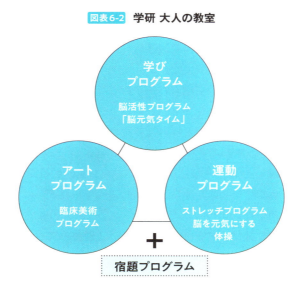

図表6-2　学研 大人の教室

運動プログラムに取り組む参加者

付き高齢者向け住宅のデイサービス用に開発されたもの。「大人の教室」は、高齢者事業で培ったノウハウを活かして、要介護・要支援状態ではない自立の高齢者に提供する介護保険外サービスとして開発されました。

「大人の教室」の展開は2019年8月現在で10カ所ですが、今後は全国140カ所の学研ココファンでの展開を目指し、さらには地方自治体の介護予防事業との連携なども考えていきたいと秋葉さんは語ります。

どこが新しい？

社会保障制度を維持していくためには、人々の「介護予防意識」を高め、要介護状態になる人を減らすことです。「高齢社会対策大綱」(2018年) でも、「全市町村が保険者として地域包括ケアシステムの深化を進めるべし」と述べられていますが、そうした介護予防の支援体制に加えて**「本人自身の介護予防に対する自覚」を高めることが重要**です。

医療分野では、自身の健康管理に責任を持ち、軽度な体の不調は自分で手当てする「セルフ・メディケーション」というキーワードがあります。介護分野でもそれと同様に、要介護状態とならないために日頃から自ら気を配る「セルフ・ヘルプ (セルフ介護予防)」の意識向上が大切です。

とはいえ、実際に介護予防の意識を保って努力するのは簡単ではありません。介護予防や認知症予防のために、具体的に何をやればいいのかわからない人も多いでしょう。そのような人たちにとって、「大人の教室」は**介護予防や認知症予防の適切なメソッドを提供する新しい「学びのスクール」**となっているのです。また、毎週出かける先があり、そこで人々との交流が図れるということも、高齢期には大切なことです。

ブレイクスルーのポイント

「大人の教室」は、要支援や要介護ではない自立の人のための介護予防・認知症予防サービスです。同様のサービスは自治体などでも行われていますが、予算の都合もあり参加できる人数が限られたり、プログラム内容も今ひとつ魅力に欠けるなど、伸び悩んでいるところが多いと聞きます。

それに対して「大人の教室」は、飽きずに楽しめるプログラムの工夫がなされています。「学び」プログラムには、上記の書き取り以外にも、計算問題、百人一首（写す・読む）、英語（発音する・なぞる）、スーパー音読、自分史などさまざまなアクティビティが用意され、飽きることなく取り組めます。「運動」「学び」「情操」とバランスが取れているところも利点です（自治体による介護予防教室は、もっぱら体操や運動が中心）。

また、もともと同社は戦後間もない頃から教育分野に取り組んできた会社。シニアにとっても「学研＝学び」というイメージは結びつきやすいものでしょう。

ビジネスのヒント

介護予防の必要性がますます高まる中、参加した人が**「楽しかった」「面白かった」と思えるプログラム開発の重要性**はいうまでもありません。やってみて「辛い」「痛い」と感じるプログラムは、どんなに「効果がある」といわれても長続きしないでしょう。その点、「大人の教室」のプログラムは、よく考えられた認知症予防プログラムといえます。「健康寿命延伸」「介護予防」が高齢社会の重要課題となる中で、「大人の教室」以外にも、介護予防、認知症予防となるさまざまなメソッドやプログラムの開発が期待されます。

- 今後、後期高齢者の増加が進む中で、楽しい介護予防プログラムの開発は極めて重要
- 一般の高齢者が「お金を払ってもいい」と思える介護保険外サービスを考える

●学研 大人の教室：https://www.cocofump.co.jp/ninchi-yobou/

「親の人生」を まるごと1冊の雑誌に

株式会社こころみ「親の雑誌」

> **どんなビジネス？** 親にインタビューし、その人生を1冊の雑誌としてまとめるサービス。近年では、話の「聞き上手」をコア・コンピタンス（事業の核）として事業領域の拡張を図っている。

「親孝行サービス」の新しい形

最近、自分自身の人生を記録として残す「自分史」がブームになっています。それを受けて、出版社や新聞社による「自分史ビジネス」も展開されています。本格的な自叙伝を作成するコースから、ライターが聞き書きしてくれる簡易作成まで、サービス内容は多種多様。しかし、自分史となると、ある程度基本となる原稿を本人が執筆する必要もあり、書くことがあまり得意でない人にはハードルが高いでしょう。

親の雑誌の表紙（こころみ提供）

そうした中、比較的手ごろな金額で、親の人生を雑誌形式で作成してくれるサービスが、**株式会社こころみ**の「**親の雑誌**」。その名の通り、**親の人生を紹介する雑誌**です。

発想のきっかけ

同社代表取締役社長の神山晃男さんは、かつて投資ファンドに勤めていました。その後、高齢社会が進む中でシニアマーケットに可能性があると考え、この分野での起業を決意しました。

最初に手がけたのは、ひとり暮らし高齢者向けの会話型見守りサービス。担当のコミュニケーターが、離れて暮らす子や孫に代わって親に毎週電話し、その話の内容を家族にメールでレポートするというものでした。

事業をスタートして改めて気づいたのが、高齢の親たちが話す内容が非常に面白いことでした。おそらく、親子間ではなかなか話す機会がない自分の人生に関する本音も、他人であるコミュニケーターなら気軽に遠慮なく話せる、ということがあるのでしょう。本音語りのレポートを読んで、「**自分の親にはこんな人生があったのか、初めて知った！**」と驚く家族が多かったそうです。

こんなに「親の話」が面白いなら、これを切り出して新しいビジネスにしようと考えて生まれたのが「親の雑誌」です。「話したい欲求」がある親世代、そして親のことを知りたい子・孫世代。両世代をつないで、しっかり記録として残すことを狙って選んだのが、雑誌というスタイルでした。

どこが新しい？

ユニークなのは、親の話を自分史のように聞き書きや書き起こしの文章でまとめるのではなく、雑誌というスタイルにしたところです。

表紙を飾るのは、親の近影。そこに、人物紹介「〇〇〇（親の名前）のすべて」、インタビュー「〇〇〇として生きてきて」、特集「〇〇〇の"幸せ"に迫る」などの記事タイトルが並びます。内容は、人生年表、訪問取材インタビューによる人生遍歴、趣味、旅行、子どもなどに関するトピックスコラム、自分の"幸せ"について語るページや家族コメントなどで構成されています。

中でもページ数を多く割いているのが、自らの人生が語られるインタビューのパート。この雑誌の主人公は70～80代の方が中心です。長年生きていれば、それぞれに人生遍歴が生まれます。インタビューでは、身近に接している

「親の雑誌」のインタビューページ（こころみ提供）

家族や友人でも知ることがなかった、その人の人生の一片を垣間見ることができます。それだけ、人生は個々に面白く興味深いものであるということです。

そして、取材した「親の人生」を**A4版全20ページにコンパクトに凝縮**し、**雑誌形式にしたところがアイデアのミソ**です。

ブレイクスルーのポイント

これまでに約700名の雑誌制作の注文を受け、追加注文も好調。最近では、雑誌を見た人からのクチコミが広がり、さらなる受注につながっています。多いのは、喜寿や米寿の記念で子どもがオーダーするケース。年老いた**親の人生を記録として残しておきたいというニーズ**は増えてきているようです。

同社は今後、「親の雑誌」で培った高齢者とのコミュニケーション・ノウハウを資産に、「聞き上手カンパニー」として事業の幅を広げていきたいと考えています。具体的には、同社が開発した「高齢者会話メソッド」をもとに、シニア向けコミュニケーション・ロボットやスマートスピーカーの開発を支援したり、コミュニケーション力養成講座などを実施しています。高齢化が進む社会で、シニアとのコミュニケーションを豊かにすることは、高齢者の孤立を防ぎ、地域での社会関係資本を豊かにすることにつながっていくでしょう。

ビジネスのヒント

この事例もまた、当初の構想からビジネスモデルの軌道修正を図ったケースです。高齢者の孤独を解消する見守りサービスから、親孝行ビジネスへとうま

図表6-3 株式会社こころみの事業展開

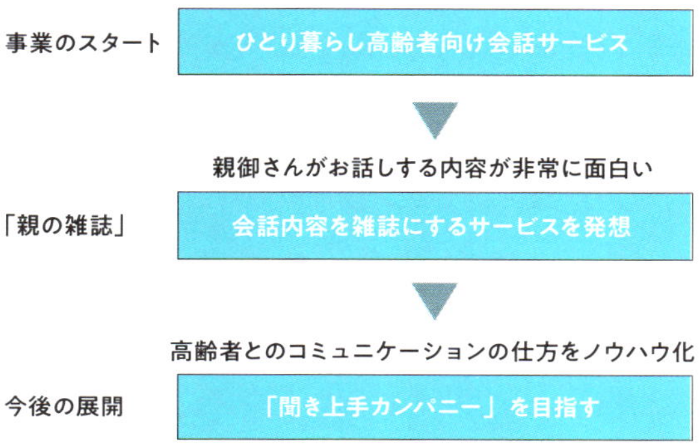

事業のスタート　　ひとり暮らし高齢者向け会話サービス

親御さんがお話しする内容が非常に面白い

「親の雑誌」　　会話内容を雑誌にするサービスを発想

高齢者とのコミュニケーションの仕方をノウハウ化

今後の展開　　「聞き上手カンパニー」を目指す

く転換を図りました。これは、高齢者の課題解決ビジネスは、**ただ課題に対処するだけでは事業として成立しない場合もある**ことを示唆しています。

「親の雑誌」の場合は、高齢者の見守りという課題を解決した先に、「親が喜ぶ」「三世代間のコミュニケーションが豊かになった」などの新たな価値を発見しました。また、この事例からは**「ある種の喜び」につながることで、初めて顧客は対価を支払う**ということもわかります。課題解決の先にある喜び、このような価値創造が課題解決事業に求められます。

○ 自分史を「雑誌」スタイルで、比較的安価に提供するビジネスモデル
○ 本人ではなく、息子や娘、孫のギフト需要を狙う
○ 「見守り」という課題解決に、「喜び」につながる付加価値が加わるとビジネスになる

●親の雑誌：https://oyanozasshi.jp

「学び」と「エンターテイメント」の ビジネスを考えるためのヒント

1. シニアにとって「学び」と「エンターテイメント」は違いがなく、余暇の楽しみは多種多様。そのどこにアプローチするかを考えてみる

2. 高齢者をひとくくりにせず、その中の「世代」ごとの余暇や楽しみの傾向の違いにも注目してみる

3. 高齢者の余暇や楽しみのポイントは、「小商圏」「少・定額」「絞り込み」の3つ。スモールマーケットをいかに市場化するかを考えてみる

4. 需要を継続させるためにも価格設定が重要なポイント。「続けられる価格」かどうかを検討してみる

5. 高齢者本人のニーズだけでなく、子や孫からのギフト需要としてのエンターテイメントビジネスも考えてみる

第7章

「仕事」が変わる

長寿社会の「働き方」をサポートするビジネス

今までの中高年期の就労モデルは通用しない

基礎知識

「余生」ではなく「第二の人生」

　「人生100年時代」という言葉を耳にする機会が増えました。それは、いうまでもなく日本が世界有数の長寿国だからですが、残念ながら、私たちはいまだに「『人生100年時代』における人生後半の暮らし方モデル」が築けていません。

　戦後間もない頃、平均寿命が70歳前後の時代は、おおむね50代後半でリタイアし、その後の10余年を「余生」として過ごすのが一般的なライフスタイルでした。しかし、平均寿命は80歳以上に伸び、元気な高齢者も増加。リタイア後は余生ではなく「第二の人生」といえます。

　年金の支給開始年齢も引き上げられた結果、多くの人々は定年を過ぎても働き続けるようになりました。すでに「60歳定年」は有名無実化し、リタイア後も働くのが当たり前の社会となっています。

　しかし、現役時代の働き方を高齢期にも続けることが、本人にとって本当に望ましいもので、人生の後半にふさわしいものかどうかは、判断の留保が必要でしょう。同じ会社にそのまま居続けるのが本当に理想的なのか、長年にわたり培ったキャリアや知恵を発揮できる場所があるのか。高年齢転職市場の形成もまだ半ばである今は、答えが出ない状況です。

変化する中高年社員の「働き方」

　加えて、大手企業を中心に役職定年制を採用する企業も増えています。雇用延長のバーターとして、全体の賃金カーブを見直す動きも見られます。つまり、サラリーマン人生における「定年」は一度ではなく、「役職定年」→「定年・再雇用」→「退職」という3段階で訪れるというのが現状です。

こうした変化の中で、中高年社員のモチベーション維持の難しさが明らかになってきました。経団連発表のレポート『ホワイトカラー高齢社員の活躍をめぐる現状・課題と取組み』(2016年)でも、「60歳以降の就業率が高くなっているなか、定年前後の処遇や役割の変化に対応できず、モチベーションが低下している社員への対応が、さらなる活躍推進の課題となっている」と指摘しています。

IoTやAIなどさまざまな新技術が登場し「第4次産業革命」ともいわれる社会においては、実務をする中で必要な知識や技術を身につけていくOJT（On-the-Job Training／現任訓練）のみでキャリアを積み重ねることに無理が生じ始めています。キャリア終盤での環境変化に適応するためにも、今後は中高年以降も**働きながら、新たな知識を得るための学び直しの機会を持つことも重要**になってきます。

いずれにしてもこれからは、人生後半の大きな変化を見据えて「働き方」を考える必要があるでしょう。

「人生100年時代」の多様な働き方とは？

人口減少が進む日本で今後求められるのは、**すべての世代が何らかの役割を持って支え合う社会の実現**です。青年期から壮年期を経て高齢期まで、すべての世代が自立して活躍できる社会です。したがって、定年後も第二の人生として積極的に活動することが望まれています。

平均寿命や健康寿命が伸びるにつれて、**収入をともなう職業にできるだけ長く就き続けることの重要性**が増しているのは事実です。しかし、働き続けるということには、生計の維持だけでなく、**社会や人とのつながりを維持する**という意味もあります。何らかの形で社会の役に立っていると感じられることは、自己肯定感にもつながるでしょう。

年金生活で収入の心配がなければ、社会貢献活動やボランティア活動などに取り組むというのも一つの選択です。また、金額の多寡にかかわらず、報酬が生じることで責任感や緊張感を持って仕事に取り組めるという考え方もあります。いずれにしても、高齢期になってからも、誰かの役に立ち、張り合いを感じられることは大切です。

高齢者の力を活用する企業事例

高齢者雇用の可能性をいち早く見出した企業

　定年後に、いかに社会で活躍し続けられるかは、リタイア後のサラリーマンにとって大きな課題です。近年は65歳までの雇用が義務化されたため、定年後もそのまま企業に残る人が増えていますが、それは会社にとっても本人にとっても、必ずしも満足できる状態とはいいがたいのが現状です。

　一方で、一部の専門能力を持ったシニアについては、その人材紹介、人材派遣を専業とするビジネスも生まれつつあります。

　先駆的な役割を果たしたのは、**株式会社高齢社**です。創業者の上田研二さんは、もともと東京ガスの社員でしたが、定年退職を迎えても健康で働く意欲の高い人が多いことに注目し、2000年に起業。当初は、ガス会社のメーター検針の請負業務からスタートし、その後、人材派遣業・紹介業の資格を取得して業務内容を拡大しました。

　現在では、ガスメーター検針だけに留まらず、新築マンション内覧会の案内、施設管理・倉庫管理、マンション管理人、各種営業代行、さらには家事代行サービスにまで業務領域を広げています。派遣登録会員数は600人を超え、業務内容は100種類と多岐にわたります。どちらかといえば、軽労働や作業をともなう職業の紹介が中心です。

　経理・財務に特化した高齢者のプロ人材を派遣する、**株式会社シニア経理財務**もあります。一般的に経理や財務、法務などの業務は、業種を問わずに能力を発揮できる分野。その特徴を活用して、同社はこの分野の人材を求める中小企業と、リタイアした経理マン、財務マンをマッチングする紹介・派遣ビジネスを行っているのです。

　また、技術系では、「満60歳入社、65歳定年、70歳選択定年」という定年退職者のみを再雇用する会社もあります。茨城県にある**株式会社フレッシュ**

60（シックスオー）は、主に電気工事、機械器具設置工事、設備メンテナンスを行う企業ですが、「シニア技術者の活躍で顧客に低コストで高品質のサービスを提供する」という経営理念を掲げています。豊富な知識と技術を有するシニアを即戦力として起用し、技術者集団を構成しています。

シルバー人材センターの再活性化ができないか？

　高齢者の業務紹介の場として機能している組織の一つが**シルバー人材センター**です。しかし、近年、シルバー人材センターの会員加入数は減り続けています。理由として挙げられるのが、第5章で述べたような、センターの紹介業務と現在の高齢者の業務ニーズとのミスマッチです。

　また、シルバー人材センターに立ちはだかるもう一つの壁が、**民間の職業紹介業とのバッティング**です。近年は、介護分野、流通業、飲食サービス業などを中心とした労働力不足もあり、一般の職業紹介市場でも高齢者までを対象とした人材募集が広範に行われるようになってきています。そのために、時給単価や労働時間などに制約のあるシルバー人材センターに、企業からの依頼業務が流れてこない傾向が見られることも否定できません。

　そんな中、従来の業務に加えて、高齢社会ならではの課題解決サービスに取り組むシルバー人材センターもいくつか現れ始め、センターの新たな役割として注目されています。

高齢者の力で地域産品の活性化

　以前からよく知られていた高齢者の就労事例に、摘んだ葉っぱを都会の料亭に届ける徳島県上勝町の**株式会社いろどり**、信州名物「おやき」の製造・販売を行う長野県の山間地、小川村の**株式会社小川の庄**などがあります。いずれも60歳以上の高齢者の働き手を中心に、地域産品の活性化を成し遂げたケースです。

　特に「いろどり」については、すでに数多くのメディアで取り上げられています。「地域産品」と「高齢者就労」を「ICT」でつなぐという、高齢社会において理想的といえる課題解決事例でしょう。

　これらのケースは注目を集め、さまざまな企業や自治体から講演依頼や視察

が相次いでいると聞きます。しかし、残念なのは「いろどり」や「小川の庄」に続く成功事例を、あまり見かけないことです。これは、なぜでしょうか。

　一つ考えられる理由は、対象とする市場がさほど大きくないということ。「いろどり」が商品として扱う葉っぱは、あくまで料理の添え物であり、ビジネスの規模が限られます。また、同社の場合は、この事業を推進しようとする起業家精神を持ったリーダー、横石知二さんの存在がなければ、ここまでの成功は正直おぼつかなかったでしょう。

　また、「小川の庄」についても、長野県の名物おやきと、それを製造するおばあちゃんというイメージが見事にマッチしたゆえの成功であり、別の地域でも同じような戦略がうまくいくとは限りません。

　しかし、**個々の地域資源と高齢者を結びつけ、就労につなげていく**仕組み作りは大切です。次に紹介する北海道池田町の事例は、高齢期における就労の新しいモデル作りを約半世紀前から実現したものです。

趣味ではなく仕事としての陶芸
高齢者活躍の先駆的な事例

北海道池田町「いきがい焼き」

> **どんなビジネス?**
> 自治体が陶芸を通じて、高齢者に「生きがい」と「収入の糧」を提供しようとした、日本における最も先駆的な事例。現在も30名の高齢者が陶芸作りに励んでいる。

半世紀前にスタートした生きがい就労モデル

 現在、高齢期の理想的な働き方が模索されていますが、半世紀も前に一つの形として実現したモデルが、**北海道池田町**の「いきがい焼き」です。「いきがい焼き」とは、今から約50年前の1972年、当時の町長・丸谷金保氏(のちに参議院議員、2014年死去)の発案で始まった高齢者向け就労施設「池田町いきがいセンター」で作られる陶器のことです。現在でも多くの高齢者がセンターに集い、楽しく作陶に勤しんでいます。

 池田町いきがいセンターは、周囲を芝生に囲まれた簡素な建物。元小学校を

「池田町いきがいセンター」で作陶にはげむ参加者

池田町いきがいセンターの外観

改築したものです。入口を入ってすぐに陶器の販売所があり、湯飲み、茶碗、徳利、皿、花瓶、ランプシェードなど、さまざまな作品が販売されています。価格は比較的安価で、500〜1000円程度が中心。最も高価な作品は"しまふくろう"のランプシェード（1万2000円）で、ふるさと納税の返礼品としても人気だといいます。

発想のきっかけ

「いきがい焼き」は丸谷氏が1957年から約19年にわたって務めた北海道池田町長時代に始めたものです。丸谷氏はバイタリティ溢れるアイデアマンとして有名で、赤字状態だった自治体財政をわずか2年で再建。町内に自生するヤマブドウに着目して「十勝ワイン」の製造・販売に取り組むなど、行政マンらしからぬ八面六臂の活躍を遂げた人物でもあります。

丸谷氏の自叙伝『乾杯！ ワイン町長―地方自治の「原点」に立つ町づくりの記録』（日本の自治を考える会）に、「いきがい焼き」のエピソードが綴られています。彼がフランス・ボーヌの養老院を視察した際、そこの老人たちが掃除や畑作業、軽作業を積極的にこなしているのを目にしました。そして、その姿はとても生き生きとしていたのです。

「**人間というのは動物、すなわち動くことが生きがいの原点なのだから、軽作業でもなんでも、とにかく退屈しないように元気なうちは何か仕事をしてもらうということ、日本でも、そういう方向に老人福祉の問題をきわめていかなければならない**」（前掲書）と丸谷氏は考えました。

そして当時、利別川の堤防工事中に縄文時代の壺や石器が発見されたことで、地元に良質な粘土があることもわかりました。寒冷地という気候上、焼き物の産業化までは難しいかもしれないが、「高齢者の生きがい作りとして陶芸にチャレンジしてもらおう」ということで、1972年に「いきがい焼き」が生まれました。

　ちなみに、丸谷氏自身も参議院議員をリタイアした後に80歳の手習いとして、同センターで他の利用者とともに10年以上も陶芸に勤しんだそうです。まさに理想的な高齢期の過ごし方です。

どこが新しかった？

　趣味としての作陶ではなく、作った陶器を市場で販売する。そして、販売額に応じて一定の収入が得られるというモデルは、当時、先駆的なアイデアでした。

　現在、工房で働いているのは61〜92歳の方々が30名ほど。作業時間は毎週月曜日から木曜日までの週4日、9時から17時まで。冬場は積雪のため、工房ではなく自宅での作業となります。

　働く人たちには、週に1人あたり4kgの粘土が支給されます。地元産粘土に信楽粘土をミックスしたもので、これをもとに創意工夫を凝らして制作に励みます。ロクロは、機械式ではなく手びねり。手びねりのほうがよく手を動かすため、認知症予防にもつながるからです。作陶が終わった作品は電気釜で焼かれ、各自で色づけをした後に販売。作品が売れると、売上金の半分が作者の収

しまふくろうを作陶する参加者

入となります。

　もちろん、プロの陶芸作家ではないので、高収入を得られるということはありません。多くても、せいぜい月数万円程度。しかし、**自分の手がけた陶器が売れることで、人の役に立っている実感を得る**ことができます。そして、「作って終わり」ではなく「販売」することで、「もっと売れるために努力しよう」という気持ちが生まれます。ここでは、**趣味の陶芸以上の何かを得ることができる**のです。

ブレイクスルーのポイント

　約半世紀前から高齢者の就労に取り組んできた池田町には、**高齢者が働くことをポジティブに捉える遺伝子**が受け継がれています。

　近年、介護予防・日常生活総合支援事業が見直され、地域住民参加型の虚弱高齢者の見守りや生活支援の仕組みが求められていますが、高齢化率がすでに40％を超えている池田町では、地域の老人クラブに賛同を得る形でその仕組み作りを進めています。「LOREN支えあいパートナー事業」というもので、いち早く老人クラブのリーダーに協力と理解を得て、**地域の「元気な高齢者」が「困っている高齢者や虚弱高齢者」を助ける仕組み**を作り上げました。

　他の自治体においても同様の動きが進められていますが、池田町の注目すべき点は、この仕組み作りに老人クラブの協力を取り付けたところです。同じ高齢者分野でも、行政によっては「介護分野」と「高齢者福祉」に垣根があるところも多いようです。筆者が以前、同じような課題に直面する自治体の行政マンに、池田町の解決事例を紹介したところ、返ってきたのは「担当セクションが異なるから……」という答えでした。池田町で、このような協力体制ができたのは、自治体の規模が比較的小さいということに加え、先に述べた「高齢者就労の遺伝子」があったからでしょう。

ビジネスのヒント

　池田町の「いきがい焼き」は、楽しみながら働ける場作りを町役場が主体となって行った先駆的事例です。高齢者の「生きがい就労」を提供する主体は誰が担うべきか？──その方向性はまだ明確ではありませんが、自治体にせよ、社会福祉協議会やNPOにせよ、企業にせよ、それぞれの多様な事業主体が「高齢者との共生・就労」という視点で、自らの事業を見直す必要があるかも

しれません。

> ○ 自治体主導で、高齢者の就労環境を作り上げた先駆的事例
> ○ 高齢者の陶芸を趣味の領域で終わらせず、販売して収入を得る「生きがい就労」の仕組みを構築
> ○ 長年にわたる取り組みが、高齢化がさらに進んだ現在、ユニークな施策を打ち出す原動力になっている

●いきがい焼き：https://kankou-ikeda.com/goods/934/

「仕事」を提供して高齢者を元気にするシニア住宅

Kudoカンパニー株式会社「プチモンドさくら」

> **どんなビジネス？**
> 千葉県佐倉市にあるサービス付き高齢者向け住宅。「働きたい」「生きがいがほしい」というニーズを持つ入居者に対して、多様な働き方を提供している。

多様な「働き方」を調整・提供するサ高住

　千葉県佐倉市にあるサービス付き高齢者向け住宅**「プチモンドさくら」**は、クリニックモールと高齢者住宅の複合施設です。そのコンセプトは、「仕事」や「役割」を通じて社会と関わること。同社施設のパンフレットには、次のような理念が掲げられています。

　"「プチモンドさくら」では、**入居者さまひとりひとりが、それぞれの個性や能力に見合った仕事や、役割をつくることができます**。ご高齢でも、お体に不自由があっても、明日も明後日もやることをつくることにより、心も体も健やかになります。それだけでなく、仲間との絆や副収入も手に入れることができ、それが生きがいにつながるのです。"

　具体的な仕事内容は、牧場の動物の世話や野菜作り、植栽の水やり・手入れ、門の開閉、建物の清掃、配食の手伝い、有機栽培野菜の販売など多種多様。例えば、入居者が「仕事」として栽培した野菜は、建物のエントランスで販売され、施設の運営費の一部となります。入居者は**働いた報酬として、プチモンドさくらの地域通貨を受け取り**ます。「プチモンドさくら通貨券」というもので、施設内での食事や送迎サービスなどで使うことができます。金額は決して多くありませんが、報酬を得ることで生まれる責任感は本人にとっての張

プチモンドさくらの外観

プチモンドさくら通貨券

り合いにもなります。

発想のきっかけ

　この「働く高齢者住宅」というコンセプトは、同施設を経営する総合プロデュース型建設業、**Kudoカンパニー株式会社**社長の平山弘さんが、1冊の本『奇跡の医療・福祉の町ベーテル―心の豊かさを求めて』(橋本孝著／西村書店)と出会ったことから始まります。

　ベーテルとは、ドイツ・ハノーファーから80kmほど離れたビーレフェルトの一角にある総合施設(キリスト教治療共同体財団)の総称。創立以来140年以上にわたって町全体が医療・福祉の充実に取り組み、世界中の医療・福祉関係者から注目されています。ここには、障害者や高齢者、生活困窮者など、なんらかの困難を抱える人が約8000人暮らしています。

　ベーテルのモットーは、「施しより仕事を」。奉仕する人、障害のある人、そ

れぞれが仕事と関わり合うことで、多くの人々が共存可能な福祉社会を持続的に成立させようとしています。ベーテルは町ぐるみで、人々に仕事を提供しようとする仕組みができあがっており、平山さんがこの本に感銘を受け、始めたのがプチモンドさくらでした。

どこが新しい？

　高齢者に仕事や役割を担ってもらい、それが高齢者にとっての日々の活力につながるという視点は、サービスを提供する側がともすると見落としがちなものです。一般的なサービス付き高齢者向け住宅は、医療・介護体制が整った環境で余生を楽しむ暮らしをアピールします。しかし、比較的「元気な高齢者」が入居するサービス付き高齢者向け住宅には、サービスを受けるだけではなく、何らかの役割を持って生活したいというニーズも本来あって然るべきです。

ヤギの世話をする佐藤さん

英会話教室で教える山口さん（プチモンドさくら提供）

プチモンドさくらでは、先に挙げた仕事内容以外にも、**本人の「やりたいこと」や「できること」をスタッフがヒアリングし、「仕事」として実現するための方策**を考えます。ニーズを「仕事」にマッチングして、入居者それぞれに生きがいを提供しようとしているのです。

　横須賀からプチモンドさくらに移り住んで4年の佐藤敏和さん（76歳、取材当時）は、牧場のヤギの世話や、プチ農園での野菜栽培、花卉栽培に日々励んでいます。現役時代は会社員でしたが、実家が農業をしていたため、家畜の面倒や野菜栽培はお手のもの。「毎日、ヤギの世話をしてると、どんどん懐いてくれるんだよね。そうなると、『私がいなきゃ』という気になるよね」と顔をほころばせます。近所の小学生からは、「ヤギのおじちゃん」として有名です。

　山口千恵子さん（90歳）は、月に2回ほど、近所の小学生にボランティアで英会話教室を開催しています。英語教師だった山口さん、せっかく「仕事」をするなら何か教えることをしたいという希望を受け、英会話教室の実施が決定しました。ご自身も子どもたちとの触れ合いで元気をもらっています。

　このように、**入居者それぞれが役割を持つことで社会や仲間とのつながりを実感したり、張り合いを感じて生活**しています。

ブレイクスルーのポイント

　以前より介護分野に関心があった平山さんは、「サービス付き高齢者向け住宅」制度が創設されると、すぐに事業化に着手しました。

　「サービス付き高齢者向け住宅は、バリアフリー住宅に見守りと安否確認がつけば事足ります。しかし、私は単なる基準に沿っただけの高齢者住宅を開発するつもりはありませんでした。ここに住まう方々が、日々、楽しみや尊厳を持ち、暮らすことが可能となる施設となるよう、さまざまなアイデアを盛り込んでみたのです。この施設のコンセプトは"長屋"なんです。人と人とが触れ合い、交流できる空間作りを目指しました」と平山さんは語ります。

　「高齢者が生きがいを持って働く」といっても、個々の健康状態や体力、人生経験などによって、適した仕事内容や働き方はさまざまです。仕事を提供する側には、そうした高齢者の多様な内実をきちんと理解した上での意識改革や仕組み作りも必要です。人生100年時代に「いつまでも働くことが可能な社会」を築くためには、**働く側と仕事を提供する側、双方の理解と歩み寄りが重要**といえるでしょう。

> ビジネスのヒント

　プチモンドさくらも、北海道池田町の「いきがい焼き」と同様に、高齢者に就労の場を提供しようとした事例ですが、行政ではなくサービス付き高齢者向け住宅事業者が発案したというのが特筆すべき点です。また、仕事内容もあらかじめ設定されたものではなく、働く**本人の要望に応じて多様にアレンジ**しているところも特徴的です。

　高齢者がそれまでの人生で培ってきた分野や能力は多種多様で、できること・できないこともそれぞれ異なります。そのような「本人のできることを多様な形で伸ばしていくビジネス」は、今後可能性が広がるでしょう。

○ 高齢者の「できること」「したいこと」を新たな就労機会の提供につなげ、本人に自己肯定感や生きがいをもたらす
○ 高齢者就労を提供する側は、高齢者の多様な内実をきちんと理解することが大切

●プチモンドさくら：http://www.petitmonde.jp

野菜栽培で年金+αの収入を得る「仕事付き」高齢者向け住宅

社会福祉法人伸こう福祉会 「クロスハート湘南台二番館」

どんなビジネス？ 介護付有料老人ホームが始めた「仕事付き高齢者向け住宅プロジェクト」。入居する高齢者が野菜作りに取り組み、お小遣い程度の報酬を得ながら、認知症や要介護状態の悪化を防いで健康寿命の延伸を目指す。

支援が必要な人でも続けられる野菜栽培

神奈川県藤沢市にある**「クロスハート湘南台二番館」**(社会福祉法人伸こう福祉会)が目指すのは、入居者がいつまでも働くことで得られる自己効力感を提供すること。ホームに入居すると、料理、洗濯、掃除などの家事をやる必要もないため、人によっては不活性となり、入居前よりも体調を崩してしまう人もいるといいます。「仕事付き高齢者向け住宅プロジェクト」は、要介護状態になった人にも、さまざまな形の生きがいや働きがいを提供しようという試みです。

クロスハート湘南台二番館の外観

クロスハートファームでの
収穫風景

発想のきっかけ

　発端は、老人ホーム紹介センターを訪れた高齢者の「年金の他に、月5万くらい稼げるような仕組みがあれば、ちょっと美味しいご飯を食べたり、孫にいいものを買ってあげることができるのに……」という言葉でした。

　最初にスタートしたのは、**野菜栽培で働くプロジェクト**です。ホームから少し離れた敷地にビニールハウスを建て、その中に東レ建設株式会社の高床式砂栽培農業施設「トレファーム」を設置。トレファームは高床式のため、作業時に腰をかがめる必要がなく、車椅子の人でも作業できます。面倒な水やりや肥料やりは自動化され、遠隔管理操作も可能なので、毎日世話をする必要もありません。これまで、野菜作りは体が元気ならできることという認識でしたが、これを活用すれば体が弱った人でも可能です。

　こうして、2017年から伸こう福祉会、東レ建設の共同事業として仕事付き高齢者向け住宅のモデル事業が始まりました。この事業は、経済産業省の「平成29、30年度健康寿命延伸産業創出推進事業」にも採択されています。

どこが新しい？

　この事業が目指すのは、趣味の園芸や家庭菜園ではなく、仕事として野菜栽培に取り組み、収穫した野菜は販売して利益を分配しようというものです。初年度に収穫された野菜は、施設の近くにある大手スーパー・イオンにスペースを借りて、栽培に関わった人々が袋詰めをして販売しました。

　伸こう福祉会の中村洋平さんは、「実際に店頭でお客様が買ってくれること

図表7-1 野菜栽培で働くプロジェクトの流れ

ステップ	内容
入居者に「仕事」であることをきちんと認識してもらう	・仕事に関する説明会の開催 ・説明者はスーツ姿でプレゼン
スタッフ指導のもとで入居者が野菜栽培に励む	・栽培ステップ（種まき・苗床・移植・水やり・収穫）ごとに積極的に取り組む ・自動化（水やり、肥料やりなど）のサポートにより、無理なく体調に合わせて作業できる
野菜の袋づめや販売まで入居者が「仕事」として対応	・近隣のスーパーでの販売 ・農家レストランへの卸売り

を体験して、初めて『これは本当に仕事なんだ』と実感された方も多かったと思います」と語ります。

2年目の現在は、同じ藤沢市内にある**農家レストランに収穫した野菜を卸し**ています。野菜はレストランの料理になる他、店頭で販売もされています。新鮮で美味しいとお客様の評判も上々です。

まだきちんとした収益が出るまでにはなっていませんが、「販売するための野菜を栽培する」という意識を持つことは、責任感も生じますし、やりがいを感じることにもなるでしょう。

ブレイクスルーのポイント

参加者は、種まき、育床、水やりから収穫に至るまで、栽培のすべての工程に取り組むことになりますが、彼らの自発的な意思をどのように育成するかも重要なポイントでした。

事業スタートにあたっては、入居者に対して「これは趣味ではなく、きちんとした仕事です」ということを理解してもらうために**説明会を開催**。皆納得した上で、このプロジェクトに参加しています。

伸こう福祉会は、クロスハート湘南台二番館に加え、神奈川県藤沢市で運営する介護付有料老人ホームのクロスハート湘南台・藤沢、クロスハート石名坂・藤沢にもプロジェクトの対象を広げています。

> **ビジネスのヒント**

　人生100年時代に皆が活躍できる場を作ることは、すべての企業やコミュニティが考慮すべきポイントです。健常、介護状態を問わず、**それぞれの能力に応じて、誰かのためにさまざまな形で働き、感謝される**。そのような場の開発・提供は、高齢者向け住宅や老人ホームでなくとも、さまざまな分野で可能でしょう。

　クロスハート湘南台二番館では、このプロジェクトで得た知見をベースに、さらにさまざまな働き方の開発を計画しています。現在、取り組んでいるのは「裁縫」をテーマにした仕事作り。入居者には女性が多いことから、近所の認可保育園で使う雑巾を縫って提供することを、トライアル的に行っています。

　体の弱った人でもできる野菜作りのシステムのように、例えば、目が悪くなったり、細かい指先の動きが苦手になった人の針仕事をサポートするような道具など、さまざまな分野での応用が考えられるビジネスモデルといえるでしょう。

- 「仕事」として働く機会を提供することが、高齢者の自己効力感の向上にもつながる
- 本人にその気になってもらうためには、しかるべき手続きや動機づけの提供が必要

●伸こう福祉会：https://www.shinkoufukushikai.com/

東京に「もう一人のお母さん」が持てるサービス

株式会社ぴんぴんころり「東京かあさん」

どんなビジネス？
ご近所に「もう一人のお母さん」が持てるサービス。一般的な家事代行とは異なり、相互の人間関係性を重視したライフサポート・サービス。

新しいタイプの家事代行サービス

「東京かあさん」は、一般の家事代行サービスとは少々異なるユニークなライフサポート・ビジネスです。コンセプトは、"ご近所にもう一人のお母さんを持てるサービス"。家事や子守、人生相談……基本的には何を頼んでもOKで、「かあさん」ができる限り希望に応えるというものです。

おそらく、都心で暮らす子育てママの過半数以上は、共稼ぎ夫婦です。どちらかの両親が近所に住み、一定の家事や子育ての援助が得られる場合はよいですが、地方から上京して就職・結婚・出産をした夫婦にとって、自分たちだけで仕事・家事・育児をこなすのは大変。特に子どもが小さいうちは、どうしても母親の負担が大きくなり、単独での子育てには肉体的にも精神的にも限界があります。東京かあさんは、そんな子育てママの支えとなるサービスです。

発想のきっかけ

このユニークなサービスを発想したのは、**株式会社ぴんぴんころり**の代表取締役小日向えりさん。小日向さんは、大学生時代から戦国や幕末期に詳しい「歴ドル」として活躍する一方で、歴史グッズの通販サイト「黒船社中」やインバウンド系ビジネスに着手するなど、早くから起業家としての側面も持っていました。

そうした中で、2017年に新たに立ち上げたのが、東京かあさんの事業会社

株式会社ぴんぴんころり代表の
小日向えりさん

ぴんぴんころりです。設立の目的は、「超高齢社会における高齢者の"孤独"と"不安"をなくし、ぴんぴんころり社会を目指す」というもの。その理念を実現するためのビジネスとして構想し、形にしたのが東京かあさんです。

約半年間の実証期間を経て、2019年3月に本格的にスタート。開始後半年（2019年10月現在）の実績としては、登録「かあさん」数が約70名、利用者数は60名とまずまずの数値。「今後、着実にこの数字を伸ばしていき、来年度には利用者300人を目指していきたい」と小日向さんは語ります。

利用者の約7割は、30〜40代の子育てママ。残りの3割は、ひとり暮らしやシニア夫婦世帯が中心です。一方、「かあさん」として登録している方の年齢は60代が中心ですが、中には80歳を過ぎた方もいらっしゃいます。「ずっと専業主婦一筋でやってきて、外で働くのはこれが初めて」という人もいるとか。しかし、長年専業主婦を続けてきたということは、まさに「主婦のプロ」ということ。働くのは初めてという「かあさん」も、問題なく楽しく仕事をされているそうです。東京かあさんは、**専業主婦シニアの就労活躍の場**という貴重な側面も持っています。

どこが新しい？

実際にサービスを利用されている藤井理恵さん（仮名）と、東京かあさんの「ひろこママ」にお話をうかがいました。

藤井さんは現在、8歳のお子さんを持つ一児の母。出身が台湾ということもあって帰国する機会も多く、そのたびに自宅に夫を一人残していかなければな

図表7-2　東京かあさんのサービス

ミニマムコース	・たまの息抜きニーズ ・12000円／月（回数：2回以内、　時間：5時間以内）
レギュラーコース	・ひとり暮らしニーズ ・22000円／月（回数：4回以内、　時間：10時間以内）
ボリュームコース	・共働き世帯ニーズ ・48000円／月（回数：8回以内、　時間：24時間以内）

らないことが気がかりでした。そんな時、テレビのニュースで東京かあさんを知り、「私が欲しかったサービスはこれだ！」と飛びつきました。藤井さんが、東京かあさんを選んだ理由はいくつかあります。まず、本当に東京に「お母さん」が欲しかったこと。

「故郷が台湾なので、こちらには私のほうの家族や親戚がいません。気軽に相談できる母親みたいな人が欲しかったのです。私自身がおばあちゃん子だったこともあって、母親世代の人といると安心できます」（藤井さん）

もう一つの理由は、いろいろなことを相談しながら決めていけるサービスであること。掃除の仕方、収納や整理の仕方などを、一緒に相談しながら決められるのが、一般の家事代行サービスとは異なるところです。

「かあさん」のひろこママは、長年勤めた会社を定年退職し、「次は何をやろうか？」と思案していました。子ども食堂の運営の手伝いなどをしていた時に、東京かあさんを紹介した新聞記事を目にし、「これは面白そう」と早速電話して登録しました。

ひろこママにとっても、東京かあさんは単なる仕事とは異なる面白さが得られる場だそうです。実際の娘さん、息子さんには、何かと気を遣うことが多いのに対し、娘と同い年の藤井さんと接していると、逆に学ばせてもらうことも多いと感じるそうです。「単にお茶を飲むだけでなく、一歩踏み込んだ関係です。一方で、一定の距離感があるからこそ安心して付き合うことができるんです」（ひろこママ）と言います。そうした**安心して接することができる適度な人間関係性の構築**が、もしかすると今後の社会では重要なのかもしれません。

ブレイクスルーのポイント

東京かあさんのユニークなポイントは、**「疑似親子」という人間関係**に注目した点にあります。一般的な家事代行サービスは、家事労働のみを切り出し、「仕事」としてきちんとこなすことがビジネスのポイントになりますが、東京

藤井理恵さん（左）と「東京かあさん」ひろこママ（右）

かあさんは、むしろ逆。「ちょっとした失敗」や「うっかり」も許せる関係性を作ることが主眼となっています。

その場合に重要になるのは、お互いの相性です。そのため、東京かあさんのスタッフは、依頼を受けると必ずお客様の要望をしっかりと聞き取り、初回は相性のよさそうな「かあさん」をお連れして、お見合いをしてもらいます。こうした**人間関係のマッチング・コーディネイトが、東京かあさんビジネスの要**といえるでしょう。

東京かあさんが試みる人間関係の構築は、「かあさん」と「子ども（依頼者）」だけに留まりません。「かあさん」同士のつながりにも、積極的にトライしています。相互の情報交換を目的に、年に数回、懇親会を開催。2019年の夏には、皆で日本橋からのクルーズを楽しんだそうです。

コミュニティや家族の関係性が薄れつつある昨今、東京かあさんの試みは、新しい社会関係資本を構築しようとするビジネスの試みであるといえるかもしれません。

○ 家事労働をきちんと可視化して、仕事化する。
○ 社会関係資本の充実という視点から、既存の各種サービスのあり方を改めて見直してみる。

●東京かあさん：https://kasan.tokyo/

CMやイベントに出没！シニアの概念を打ち破るエンタメ集団

株式会社オースタンス「シニアモンスターズ」

どんなビジネス？

「『カッコいい』に、年齢は関係ない」をキャッチフレーズに結成されたエンターテイメント集団。加入条件は、55歳以上、人生を楽しむカッコいい人、表現活動に打ち込んでいる、若さやエネルギッシュさのある人、シニアの概念とギャップのある人など。

団塊世代以降のシニアのチャレンジ精神

シニアモンスターズを組織化しているのは、株式会社オースタンス代表の菊川諒人さん。結婚式場での各種演出で創業。パフォーマーを数多く抱え、フラッシュ・モブやオリジナル・ソングで会場を盛り上げます。近年では、TikTok（ティックトック）などのSNS動画でのショートムービー・インフルエンサーの育成も手がけています。

発想のきっかけ

シニアモンスターズの発足を考えたのは、ある動画制作が発端でした。2016年頃、米国の歌手ブルーノ・マーズの「24K Magic」を着物姿で踊る、3人の日本人シニア女性の動画が世界中で話題となりました。彼女たちはストリートダンス界の有名人で、後に、そのうちの2人、フラワーさん（61歳）、ムッシュさん（58歳）に出演してもらい動画を制作したところ話題を呼び、テレビ出演も相次ぎました。ちなみに、フラワーさんとムッシュさんは現在シニアモンスターズのメンバーです。

菊川さんが、演劇やダンスをしているシニアと話をしてみて気づいたのは、**「とにかく表現したいという欲求を持っている」**という事実と、**「人が集まることで生まれる価値がある」**ということ。それを形にするためのプラットフォー

左からムッシュさん、TORIさん、フラワーさん（オースタンス提供）

ムとして、シニアモンスターズを結成しました。

どこが新しい？

　シニアモンスターズのメンバー、Shige-bohさん（男性）とMiMiさん（女性）にお話をうかがいました。

　Shige-bohさんは、72歳のストリートダンサー。それまで趣味はテニスぐらいでしたが、定年を前に「何かやらなきゃ」という思いで、世田谷区主催の「おやじダンサークラブ」に参加しました。これは市民のメタボ対策でしたが、Shige-bohさんにはなぜかダンスがぴたりと来ました。その後、別のスポーツクラブでもダンスを続け、いつの間にかストリート、ハウス何でもOKのダンサーとなっていたのです。

シニアモンスターズメンバーのShige-bohさん（左）とMiMiさん

一方のMiMiさんも、62歳のストリートダンサー（レゲエ）でファッショニスタ。若い頃からソウル・ミュージックが好きで、ヒップホップなどにも親しんできました。ジャマイカ出身のご主人の影響もあってレゲエにもはまり、ファッションはもともと大好き。「自分が明るいファッション・スタイルでいることで、周りの人を幸せにしたい」と語ります。

お二人以外にも、多様な才能がシニアモンスターズには集結しています。MC（68歳）、DJ（62歳）、ストリートダンサー（62歳）、ポールダンサー（70歳）、アイドル（57歳）など、いわゆるユース・カルチャー（若者文化）にチャレンジするシニアたち約30人が集まっています。いずれも戦後生まれ、団塊世代以降の人々です。

若者がやっていることにも、物怖じせずにチャレンジするシニアが増加してきているのは、団塊世代以降の人々の特徴でしょう。第5章でも述べたように、地域の老人クラブの低迷は、高齢者の中で嗜好や趣味の分断が起きつつあることの証左です。シニアモンスターズの面々は、こうした新しい高齢社会のあり方を示す象徴的な存在といえるでしょう。

ブレイクスルーのポイント

現在、シニアモンスターズの主な活躍の場は、年2回開催される「シニアモンスターズ祭」やイベントやCMの出演。同社では、メンバーにTikTokやインスタグラムの活用講座を行い、自主的に活動を発信できる機会促進を図って

図表7-3 オースタンスが展開するおとなコミュニティ事業

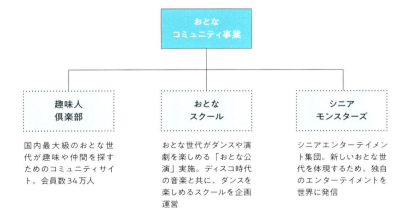

います。このような積極的な露出を通じて、さらにCMやイベント出演の機会を作っていきたいと考えています。他にも、菊川さんは大人を元気にするさまざまなプロジェクトを構想中です。

　また、同社は2019年5月に株式会社ディー・エヌ・エーが運営していた大人向けSNS「趣味人倶楽部」を譲り受けました。約34万人の会員を保有するSNSとの相乗効果を図り、将来的には大人を元気にするコミュニティ・プラットフォームを作っていきたいと菊川さんは意気込みます。

ビジネスのヒント

　同社に限らず、高齢社会を元気にしようと積極的に活躍する若者が、最近徐々に現れています。広い意味での多世代交流の一つではありますが、対象をシニアに限定してしまうと活動の広がりに限界が生じます。**若者とシニアが積極的に交流することで、お互いに元気になれる社会**が作れれば、**新しい高齢社会の優れた課題解決事例**となるでしょう。同社には、そういった社会作りの先導役が期待されます。

○ 団塊世代以降（＝新しい高齢者）のやりたいことを積極的に支援する仕組みを考える

○ 若者と高齢者が交流することで生まれる新しい価値がある

●シニアモンスターズ：https://senior-monsters.ostance.com

長寿社会の「働き方」をサポートするビジネスを考えるためのヒント

❶ 高齢者それぞれの能力・状態に応じた、多様な「働く場面」をいかに作るかを考えてみる

❷ 「高齢者が自発的に『働きたい』と感じられる環境とはどのようなものか？」を考えてみる

❸ 高齢期における働き方は、賃金以上に、働くことで人や社会とのつながりや、役立っていることを実感できることが重要。そのための仕組みややり方を検討してみる

❹ これからは地域の困りごとや課題を高齢者がサポート・解決する仕組みが重要。そのための地域の協力体制やネットワーク作りの方法を考えてみる

❺ 地域の困りごとニーズと高齢者の「できること」をうまくマッチングさせる仕掛けを考えてみる

あとがき

　本書は、『団塊マーケティング』(電通選書)、『超高齢社会マーケティング—8つのキーワードで攻略する新・注目市場の鉱脈』(ダイヤモンド社)に次ぐ、筆者の「高齢社会」をテーマとした3冊目の著書となります。前書が主に団塊世代や高齢者のライフステージの変化、消費行動上の特徴、コミュニケーションのポイントなど、主に生活者インサイトの観点で論じたのに対し、本書は超高齢社会における課題解決ビジネスをテーマにしました。

　序章で述べた通り、急速に高齢化が進行する日本において、今、さまざまな社会課題が表面化してきています。今後、税や社会保障によるサポートが大きく期待できない中で、民間の力による解決は喫緊の課題となっていくでしょう。その動きを力強く後押ししたいという動機で、本書を執筆しました。

　2016年から、縁あって執筆の機会を頂戴した「ヤフー！ニュース 個人」(https://news.yahoo.co.jp/byline/torusaito/)で、課題解決に挑戦する方々に取材させていただくことができました。実際の現場で課題解決に向けて奮闘努力する人々の、取り組みの状況や生の声は重要です。それぞれのチャレンジや失敗の場面にこそ、成功のヒントや次のステップに向けたアイデア、学びの機会が潜んでいるからです。本書の執筆にあたっては、その内容をベースに追加取材などを経て、大幅に加筆修正しました。

　執筆に際しては、多くの方々に協力をいただきました。まず何よりも、取材を快く引き受けてくださり、本書で取り上げさせていただいた方々に、御礼申し上げます。数多くのベンチャーマインド溢れる人々にお会いし、お話させていただくことで、筆者も大いに力をいただきました。皆さまの試みが、高齢化が進む日本においてビジネスとして成功し、さらには世界で大きく羽ばたかれることを強く願います。

　加えて、本書の出版を快く引き受けてくれた株式会社翔泳社書籍編集部の小澤利江子さん、武田陽子さん、「ヤフー！ニュース 個人」担当の山内安子さんにもお世話になりました。とりわけ武田さんの的確なアドバイスは、当初の筆者の想定範囲を大きく超え、結果として読者にとってもわかりやすく読みやすい紙面構成になったのではないかと思います。

本書に登場するさまざまなビジネスやそれらを生み出す人々の発想や思いに刺激を受け、新たな高齢社会の課題解決に取り組んでいただければ、筆者にとってこれにまさる喜びはありません。

　最後になりますが、筆者を長年育て見守り続けてくれた両親に本書を捧げます。80代半ばを迎えた両親の未来が、豊かな高齢社会でありますように。

斉藤 徹
2019年10月

参考文献

- 『高齢者のための建築環境』日本建築学会編（彰国社）
- 『高齢者に使いやすい製品とやさしい空間をつくるために －設計のデータ集－』人間生活工学研究センター
- 『ユニバーサルデザイン実践ガイドライン』日本人間工学会編（共立出版）
- 『老年学要論：老いを理解する』柴田博・長田久雄・杉澤秀博編（建帛社）
- 『発達科学入門3（青年期〜後期高齢期）』高橋惠子・湯川良三・安藤寿康・秋山弘子編（東京大学出版会）
- 『幸せな高齢者としての生活』唐沢かおり・八田武志編著（ナカニシヤ出版）
- 『東大がつくった確かな未来視点を持つための高齢社会の教科書』東京大学高齢社会総合研究機構編著（ベネッセコーポレーション）
- 『からだの発達と加齢の科学』髙石昌弘監修、樋口満・佐竹隆編著（大修館書店）
- 『加齢と運動の生理学：健康なエイジングのために』Albert W.Taylor, Michel J.Johnson著、宮原英夫・後藤勝正・田畑稔監訳・訳、大野善隆、後藤寛司、小島基永訳（朝倉書店）
- 『記憶力を強くする：最新脳科学が語る記憶のしくみと鍛え方』池谷裕二著（講談社ブルーバックス）
- 『老化指標データブック』山田正篤・太田邦夫編集（朝倉書店）
- 『10分後にうんこが出ます：排泄予知デバイス開発物語』中西敦士著（新潮社）
- 『高齢者施設 お金・選び方・入居の流れがわかる本 第2版』太田差惠子著（翔泳社）
- 『ザッソー・ベンチャー 移動スーパーとくし丸のキセキ』住友達也著（西日本出版）
- 『買い物難民を救え！移動スーパーとくし丸の挑戦』村上稔著（緑風出版）
- 『荻窪家族プロジェクト物語』荻窪家族プロジェクト編著（萬書房）
- 『乾杯！ワイン町長：地方自治の「原点」に立つ町づくりの記録』丸谷金保著（日本の自治を考える会）

本書内容に関するお問い合わせについて

このたびは翔泳社の書籍をお買い上げいただき、誠にありがとうございます。弊社では、読者の皆様からのお問い合わせに適切に対応させていただくため、以下のガイドラインへのご協力をお願い致しております。下記項目をお読みいただき、手順に従ってお問い合わせください。

●ご質問される前に
弊社Webサイトの「正誤表」をご参照ください。これまでに判明した正誤や追加情報を掲載しています。

  正誤表　　　　　https://www.shoeisha.co.jp/book/errata/

●ご質問方法
弊社Webサイトの「刊行物Q&A」をご利用ください。

  刊行物Q&A　　　https://www.shoeisha.co.jp/book/qa/

インターネットをご利用でない場合は、FAXまたは郵便にて、下記"愛読者サービスセンター"までお問い合わせください。
電話でのご質問は、お受けしておりません。

●回答について
回答は、ご質問いただいた手段によってご返事申し上げます。ご質問の内容によっては、回答に数日ないしはそれ以上の期間を要する場合があります。

●ご質問に際してのご注意
本書の対象を越えるもの、記述個所を特定されないもの、また読者固有の環境に起因するご質問等にはお答えできませんので、あらかじめご了承ください。

●郵便物送付先およびFAX番号
送付先住所　　〒160-0006　東京都新宿区舟町5
FAX番号　　　03-5362-3818
宛先　　　　　（株）翔泳社 愛読者サービスセンター

●免責事項
※本書の内容は2019年10月現在の法令等に基づいて記載しています。
※本書に記載されたURL等は予告なく変更される場合があります。
※本書の出版にあたっては正確な記述に努めましたが、著者および出版社のいずれも、本書の内容に対してなんらかの保証をするものではなく、内容やサンプルに基づくいかなる運用結果に関してもいっさいの責任を負いません。
※本書に記載されている会社名、製品名は、一般に各企業の商標または登録商標です。
※本書ではTM、®、©は割愛させていただいております。

[著者プロフィール]

斉藤 徹（さいとう・とおる）

西武百貨店、流通産業研究所、パルコを経て、株式会社電通入社。現在、電通ソリューション開発センター 電通シニアプロジェクト代表。長年、シニア・マーケットのビジネス開発に従事する。社会福祉士。吉祥寺グランドデザイン改定委員会幹事、一般財団法人長寿社会開発センター客員研究員も兼ねる。
主な著書に『ショッピングモールの社会史』（2017年、彩流社）、『超高齢社会マーケティング ― 8つのキーワードで攻略する新・注目市場の鉱脈』（2014年、ダイヤモンド社、編著）、『吉祥寺が「いま一番住みたい街」になった理由』（2013年、ぶんしん出版）、『団塊マーケティング』（2007年、電通選書、共著）、『発達科学入門3』（2012年、東京大学出版会、共著）など。雑誌等にも多数寄稿。ヤフー！ニュース個人オーサー（https://news.yahoo.co.jp/byline/torusaito/）。

カバーデザイン	大岡 喜直（next door design）
本文デザイン	相京 厚史（next door design）
イラスト	平松 慶
DTP	BUCH⁺

超高齢社会の「困った」を減らす 課題解決ビジネスの作り方

2019年11月15日　初版第1刷発行

著者	斉藤 徹
発行人	佐々木 幹夫
発行所	株式会社 翔泳社（https://www.shoeisha.co.jp）
印刷・製本	日経印刷 株式会社

©2019 Toru Saito

＊本書は著作権法上の保護を受けています。本書の一部または全部について（ソフトウェアおよびプログラムを含む）、株式会社 翔泳社から文書による許諾を得ずに、いかなる方法においても無断で複写、複製することは禁じられています。
＊本書へのお問い合わせについては、215ページに記載の内容をお読み下さい。
＊落丁・乱丁はお取り替えいたします。03-5362-3705までご連絡ください。

ISBN 978-4-7981-6271-3　　　　　　　　Printed in Japan